La valse des émotions

PROFESSION FEMME

Harriet Goldhor Lerner

La valse des émotions

Pour des relations épanouissantes et constructives

Traduit de l'américain par Catherine Chaleyssin

F1RST

Edition originale américaine
THE DANCE OF INTIMACY

Published by arrangement with Harper & Row, Publishers, Inc

Traduction française

Tél. : 45 44 88 88
ISBN : 2-87691-106-X

Pour Steve Lerner

Sommaire

Remerciements

La danse de la colère avait nécessité cinq ans de travail. *La valse des émotions* ne m'a pris qu'un an et demi. Heureusement, j'ai moins de personnes à remercier.

Mes amies Emily Kofron et Jeffrey Ann Goudie, pour avoir accepté de relire mes textes à tout moment, et pour m'avoir toujours prodigué leurs conseils et leurs encouragements. Mary Ann Clifft pour son généreux travail éditorial, et son œil de lectrice-détective. Bien d'autres amis et collègues ont répondu à mon appel tout au long de la rédaction de cet ouvrage. Merci à Susan Kraus, Tom Averill, Monica McGoldrick, Jo-Ann Krestan, Claudia Bepko, Meredith Titus et Nolan Brohaugh.

Je voudrais exprimer une reconnaissance toute particulière à Katherine Glenn Kent qui m'a tant appris sur la théorie familiale de Bowen et la pensée systémique durant toutes ces années d'amitié. Son influence se retrouve partout dans mon travail, et ce livre, sans elle, ne serait pas ce qu'il est. Merci également à la clinique Menninger qui a su créer une atmosphère qui m'a stimulée, m'incitant à mettre au clair mes idées et à les exprimer dans un livre. Dès mon arrivée en 1972 et mes débuts professionnels à la clinique, j'ai bénéficié d'excellents enseignements, de collègues chaleureux et d'une équipe de secrétariat et de documentation exceptionnelle, ainsi que d'une bibliothèque spécialisée sans pareille, d'emplois du temps souples et de remarquables opportunités d'apprentissage. Tout cela, mêlé à mon amour grandissant pour les cieux du Kansas et la vie naturelle, m'a poussée à quitter la Grande Ville et à m'installer là-bas.

Pour la deuxième fois, j'ai eu la chance de bénéficier de l'aile protectrice et éditoriale de Janet Goldstein, chez Harper & Row. Elle a influencé ce livre du début jusqu'à la fin et a su me suggérer des corrections de façon claire, délicate et élégante, tout en respectant la liberté qui m'était nécessaire. Debra Elfenbein, qui s'occupe de la rédaction au service fabrication de Harper & Row, recevra également toute ma reconnaissance. Quant à Andree Page, qu'elle soit remerciée pour son travail de fourmi lors de la préparation de la copie. Mon agent, Sandra Elkin, a elle aussi joué un rôle capital et a permis à ce livre d'exister. Qu'elle en soit remerciée.

Bien d'autres personnes m'ont apporté leur aide, chacune à leur manière. Mes amis de Topeka ont su partager mes frustrations et mes succès d'écrivain, m'offrir leur sympathie… ou leur champagne quand il le fallait. Aleta Pennington et Chuck Baird on fait preuve d'une générosité et d'une patience d'ange face à ma peur de l'ordinateur. Jeannine Riddle a mis les bouchées doubles dans la dernière ligne droite. Betty Hoppes, dès mes débuts, a encouragé ma progression professionnelle. Judie Koontz, Marianne Ault Riché et Ellen Safier m'ont encouragée et m'ont prodigué leur précieuse affection. Toute la communauté de féministes et de collègues m'a donné l'énergie et le soutien nécessaires, dans les bons moments comme dans les périodes difficiles. D'innombrables lectrices de mon premier livre m'ont envoyé des messages de gratitude et d'affection qui m'ont rappelé, à tout moment, que tout cela était loin d'être inutile.

Ce livre n'entend pas créer un nouveau cadre épistémologique de la compréhension des schémas relationnels. Je me suis efforcée de traduire et de faire vivre des idées qui me paraissent sûres au plan théorique, et qui ont été pour moi encourageantes et utiles, que ce soit dans ma vie privée ou dans ma vie professionnelle. A cet égard, je dois beaucoup, intellectuellement, à Murray Bowen, le fondateur de la théorie familiale systémique dont on retrouve beaucoup d'éléments dans cet ouvrage. En même temps, mon interprétation et mon application de cette théorie ont été influencées par ma formation psychanalytique et féministe, et par une conception du monde qui diffère considérablement de celle de Bowen et de ses disciplines du Centre Familial de Georgetown. C'est pourquoi *La valse des émotions* n'est absolument pas une traduction pure et simple de la théorie de Bowen. Je revendique donc l'entière responsabilité de cet ouvrage.

A l'évidence, il est bien difficile de trouver les mots justes pour remercier ceux avec qui l'on partage les moments les plus importants de la vie. Merci à mes parents pour tout ce qu'ils m'ont donné, toute ma vie durant. Ce sont des êtres que j'admire et que j'aime profondément. Ma sœur Susan a toujours été une « fan » de mon travail, et notre relation affective s'est épanouie, malgré la distance, à notre maturité. Mon mari, Steve, est mon partenaire le plus proche, tant dans la vie privée que dans le travail, depuis vingt ans. Je le remercie de m'avoir aidée dans tous mes projets, y compris celui-ci, et de m'avoir offert une vie formidable. Enfin, nos deux fils, Matthew et Benjamin, sont une source de joie exceptionnelle. Merci à tous, qui m'avez transmis un savoir de première main de ce qu'était l'intimité, et qui m'avez rappelé que la vie relationnelle est un défi des plus enrichissants.

A l'exception des membres de ma famille et des amis qui ont accepté de figurer dans l'ouvrage, tous les noms et éléments permettant l'identification des personnes mentionnées ont été modifiés afin de respecter leur anonymat.

1

La recherche de l'intimité : une affaire de femmes ?

Je faisais le ménage dans le grenier quand je tombai sur un poème que j'avais écrit au lycée à Madison, dans le Wisconsin. Je me rappelai très vaguement l'amourette éclair qui avait inspiré ces quelques lignes — un démarrage foudroyant pour une histoire qui tourna court avant qu'aucun des deux n'ait compris ce qui s'était produit :

Je me rappelle ce jour,
tu me serras si fort
et nous fûmes si proches
nos ventres si unis, que nous nous traversâmes
et bientôt dos à dos,
redevînmes étrangers.

Ni l'amourette ni le poème ne sont inoubliables, et ces mots-là ne réussirent sûrement pas à exprimer l'angoisse que j'éprouvai au moment où cette relation, qui avait été si merveilleuse, s'était mal terminée. Mais ces quelques lignes me rappelèrent ce que n'est pas l'intimité, et aussi ce qu'elle est.

Un proverbe dit : « Tout nouveau, tout beau ». Mais l'intimité n'a rien à voir avec la nouveauté, cette étape « velcro » des relations. C'est lorsqu'on est capable de conserver une relation sur une longue durée — par nécessité ou par choix — que notre capacité à l'intimité est réellement mise à l'épreuve. Seules les relations durables nous obligent à maîtriser ce délicat équilibre entre l'individualité et le rapport à l'autre. Elles nous mettent au défi de conserver les deux — sans jamais en perdre aucun, même lorsque les choses deviennent difficiles.

L'intimité, ça n'est pas non plus l'intensité, bien que notre culture ait tendance à confondre ces deux notions. Les sentiments intenses — y compris lorsqu'ils sont positifs — ne sauraient servir à mesurer une véritable relation sincère et durable. En fait, il arrive parfois qu'ils nous empêchent de regarder de façon objective et consciente la danse que nous menons avec les partenaires de notre vie. Mon poème le dit bien : une relation intense devient très vite un éloignement intense, ou un conflit intense d'ailleurs.

Pour terminer, il faut bien dire que le défi de l'intimité n'est aucunement limité aux rapports entre hommes et femmes, au mariage ou aux relations sentimentales, même si pour beaucoup d'entre nous le mot « intimité » rappelle automatiquement les merveilleux rapports qui peuvent exister entre deux personnes de sexe différent. En effet, l'engagement d'une femme envers un homme n'est qu'un exemple d'intimité : dans ce monde, il existe de multiples posssibilités de relations et d'attachement.

Quelle que soit votre définition personnelle de l'intimité, ce livre veut vous aider à la remettre en question et à l'enrichir. Il ne vous dira pas quoi faire pour le (ou la) forcer à vous admirer. Il ne vous donnera pas les recettes pour réussir l'amour en groupe. En fait, il ne parle même pas du *sentiment* de proximité, dans le sens habituel, immédiat. Et surtout, il ne vous montrera pas comment faire pour changer l'autre, car c'est impossible. Ce livre va vous permettre d'accomplir des changements responsables et durables qui vont accroître vos capacités à la véritable intimité, *dans le sens de la durée*.

Mettons-nous d'accord sur les mots

Commençons par proposer une définition de travail de ce qu'est *une relation intime*. Qu'exige-t-elle de nous ?

Pour commencer, l'intimité, c'est être capable d'être soi-même dans une relation, et de laisser l'autre libre d'être lui-même également. « Etre soi-même » implique que nous puissions parler librement de ce qui nous importe, que nous adoptions et exprimions une position claire sur tout ce qui, émotionnellement parlant, est important pour nous, et que nous clarifions les limites de ce qui nous est acceptable et tolérable dans une relation. Quand j'écris qu'il faut laisser l'autre libre d'être lui-même, je veux dire que nous pouvons entretenir une relation émotionnelle avec l'autre, celui qui pense, ressent les choses et se comporte de façon différente de nous, sans pout autant éprouver le besoin de le changer, de le convaincre ou de l'améliorer.

Dans une relation intime, aucun des deux ne se tait, ne se sacrifie ou ne trahit sa propre personnalité, chacun exprime sa force et sa vulnérabilité, ses faiblesses et sa compétence de façon équilibrée.

Bien sûr, cette tâche qui consiste à trouver l'équilibre entre individualité et relation (le « je » et le « nous ») n'est pas si simple, mais j'essaierai d'éviter la théorie pure et dure. Le sujet, dans toute sa complexité sera tout naturellement abordé dans les derniers chapitres, au moment où nous examinerons les tournants de la vie de ces femmes qui, courageusement, ont su modifier la danse de leurs relations lorsqu'elle était douloureuse et nuisible. Dans chaque cas, les changements visaient à définir un « je » plus autonome et plus entier. Dans chaque cas, le travail accompli a jeté les bases d'un « nous » plus intime et plus satisfaisant. Dans chaque cas, cela a été difficile et douloureux.

Dans les chapitres qui suivent, nous poursuivrons notre définition de l'intimité pour l'affiner et la compléter. Nous élaborerons également des voies de changement fondées sur une théorie éprouvée du mode de fonctionnement des schémas relationnels et des raisons qui nous précipitent dans des situations difficiles. Ces actions courageuses qui mènent au changement et que nous examinerons en détail sont « les différences qui font la différence » — les actions spécifiques que nous entreprenons vis-à-vis des personnes importantes de notre vie, qui affecteront profondément notre sens de l'identité et notre intimité avec les autres. *Notre objectif sera de parvenir à établir entre hommes et femmes des rapports qui ne se feront pas aux dépens de notre identité, et d'acquérir une identité qui ne fonctionnera pas aux dépens des autres.* Objectif ambitieux, ou plutôt défi de toute une vie, le cœur même de l'intimité.

Lecteur, attention !

Je suis intimement persuadée que les femmes doivent faire preuve de circonspection devant tous les livres qui prétendent les aider à s'épanouir, même celui-ci. Sans cesse on nous demande de changer — de devenir de meilleures épouses, de meilleures maîtresses, de meilleures mères — d'attirer davantage les hommes, ou d'en être moins dépendantes, de trouver un meilleur équilibre entre le travail et la famille, ou de perdre encore cinq kilos. Les librairies regorgent de livres destinés à « celles qui aiment trop », ou pas assez, ou mal, ou qui aiment le mauvais numéro. Nous n'en rajouterons pas. Mais il n'en n'est pas moins vrai que pour notre propre bien, nous avons certainement besoin de devenir les moteurs du changement dans nos relations primordiales.

Peut-être devrions-nous commencer par nous demander pourquoi la résolution des problèmes relationnels, comme le choix des couches pour bébé, est toujours dévolue aux femmes. Le travail sur une relation, l'amélioration des capacités relationnelles sont, traditionnellement, le domaine de la femme. Quand quelque chose ne va pas, nous sommes presque toujours les premières à réagir, à souffrir, à chercher de l'aide et à essayer de provoquer un changement. Ceci ne signifie aucunement que les femmes ont davantage que les hommes besoin des relations. Contrairement à ce voudrait nous faire croire la mythologie populaire, toutes les recherches ont prouvé que les femmes s'en sortent mieux toutes seules que les hommes et tirent beaucoup moins de profit du mariage que leurs congénères mâles. Et pourtant, curieusement, les hommes semblent relativement indifférents aux améliorations ou aux changements qui peuvent affecter une relation, une fois celle-ci établie. Il est rare qu'un homme aie l'ambition d'améliorer ses compétences dans le domaine des relations humaines, à moins que cela ne puisse l'aider à progresser professionnellement.

Ceci dit, il nous reste quelques questions difficiles. Pourquoi les femmes ont-elles tant envie d'améliorer leurs talents relationnels, particulièrement avec les hommes ? Pourquoi les hommes se montrent-ils relativement indifférents à cet égard ? Pour comprendre les origines de cette différence, examinons de plus près l'amour et le mariage traditionnels, car c'est là que le déséquilibre est le plus évident.

Les femmes : des spécialistes

Quand j'étais enfant, pour les jeunes filles et les femmes, les capacités relationnelles étaient tout bonnement une trousse de survie. Les règles étaient simples et claires : l'homme courait après l'argent, la femme courait après l'homme. Le rôle de l'homme était de devenir quelqu'un ; le rôle de la femme était de se trouver un homme qui a réussi. Malgré mes projets professionnels, c'était pour moi une différence entre les sexes des plus fondamentales et des plus immuables. L'homme doit *être* quelqu'un ; la femme doit *trouver* quelqu'un. Et « trouver quelqu'un » n'était pas chose facile. Quant à le garder, n'en parlons pas ! L'intelligence dont moi et mes amies d'université faisions preuve lorsque nous parlions des hommes était bien supérieure à celle que nous déployions dans nos études.

Aujourd'hui, les femmes ont cessé de se définir uniquement par rapport aux hommes et aux enfants, et pourtant nous sommes restées les spécialistes ès relations. Admettons qu'il y ait quelque origine biologique à notre intérêt pour ce sujet et à notre sensibilité aux infimes nuances qui affectent une relation, notre savoir-faire ne nous vient pas tout entier, comme par magie, de notre « intuition féminine », celle que transporte le chromosome X. *En fait, on a observé que dans une relation de subordination entre groupe dominant et groupe subordonné, ce dernier faisait preuve d'une meilleure compréhension des membres du groupe dominant et de leur culture.* Les noirs, par exemple, connaissent parfaitement les règles et la répartition des rôles dans la culture blanche et les relations entre blancs. L'inverse est loin d'être vérifié.

Autrefois, les femmes utilisaient leurs talents relationnels pour piéger, attraper, accrocher un mari qui leur offrirait statut social et sécurité financière. Il faut bien reconnaître que la situation actuelle n'a pas tout changé. Quand nous réussissons, cela dépend bien souvent de notre conformité aux critères de la culture masculine, de notre capacité à plaire aux hommes, et de notre faculté d'adaptation aux valeurs masculines qui gouvernent nos institutions. Dans ma carrière, par exemple, ces talents et ma volonté de les utiliser influent sur le fait que mes travaux soient publiés par les journaux professionnels, sur ma promotion, et sur la perception que les autres ont de mes projets. Avant le mouvement féministe, les femmes dépendaient intégralement des hommes quand il s'agissait de la validation et de la diffusion de leurs idées, et leur définition de ce qui était important. Que nous restions à la maison, dans le ghetto des cols roses, ou que nous soyions tout en haut de l'échelle des cadres supérieurs, nous autres, femmes, ne pouvons pas nous permettre facilement de nous aliéner les hommes ou d'ignorer leur psychologie. Même aujourd'hui, une femme qui perd son mari perdra aussi probablement son statut social et son niveau de vie, et ses enfants souffriront des mêmes pertes.

Enfin, notre société en n'est pas encore à accorder une valeur égale aux femmes seules, sans homme, en dépit du fait qu'il est bien difficile de trouver l'homme idéal — et que cela le devient de plus plus avec l'âge et la maturité. Nous avons bien compris la leçon : mieux vaut un demi-pain que pas de pain du tout (c'est-à-dire mieux vaut un homme médiocre que pas d'homme du tout). C'est pourquoi il nous arrive de faire bon marché de nos principes, au point que nous ne sommes plus tout à fait l'aise dans notre peau. C'est à ce moment-là que nous gaspillons notre énergie à essayer de changer notre partenaire, ce qui est tout à fait inutile. Pousser son partenaire à changer est à peu près aussi facile que de devenir ami avec un écureuil en lui courant après.

Lorsque j'affirme que notre attitude envers les problèmes relationnels vient, en partie, du statut inférieur de la femme, je ne dis pas que ces sentiments sont excessifs, mal orientés ou bien nuisibles. Bien au contraire : il est important de connaître la valeur de l'intimité et de l'attachement. C'est un atout, pas un désavantage. Et en fait, ces qualités-là font partie de l'héritage et de la force des femmes. Les choses se compliquent, néanmoins, quand nous ne savons plus faire la part du choses. Alors, nous confondons intimité et recherche de l'approbation. Nous considérons les relations intimes comme notre seule source d'estime de soi, et nos relations se font aux dépens de notre identité. Au plan historique, les femmes ont toujours appris à sacrifier le « je » aux dépens du « nous », tout comme les hommes ont été poussés dans le sens contraire, à savoir à enfler leur « je » aux dépens de toute relation responsable avec les autres.

La relative indifférence des hommes

Il est très rare qu'un homme devienne un spécialiste du changement dans les relations intimes. En effet, il en a rarement besoin. Il faut dire que les femmes sont étonamment peu exigeantes dans leurs relations avec les hommes, qu'il s'agisse de leurs besoins émotionnels ou de décider qui va ranger la cuisine. Nous accepterons de petits changements avec notre amant ou notre mari et tolérerons des comportements et des modes de vie que nous trouverions inacceptables dans une amitié entre femmes. Il arrive aussi que les parents soient moins exigeants envers leurs fils qu'envers leurs filles dans ce domaine. En sens inverse, les enfants en attendent moins de leur père. Tant que nous serons capables de nous contenter de moins de la part des hommes, il y a fort à parier que la situation ne changera pas.

Dans le mariage, le gouffre entre hommes et femmes dans le domaine de la sensibilité relationnelle se creuse de façon dramatique avec le temps qui passe. Papa n'a pas besoin de remarquer que Philippe a des trous à son pantalon, ou que c'est bientôt l'anniversaire de sa mère, puisque sa femme s'occupe de tout. Pourquoi consacrerait-il plus d'énergie émotionnelle au séjour prolongé que ses parents font faire au domicile familial puisque sa femme va se charger de les distraire et s'assurer qu'il y a encore du papier dans les toilettes. Tant que les femmes continueront *à faire le travail des hommes*, les hommes ne changeront pas !

Bien souvent, les hommes se sentent un peu dépassés quand il s'agit de devenir spécialistes ès relations, même si leur angoisse est parfois masquée par une apparence d'apathie ou d'indifférence. Beaucoup d'hommes ont été élevés par des pères qui étaient surtout remarquables par leur absence émotionnelle ou physique, et par des mères omniprésentes. On leur a appris à refouler en eux les qualités et les traits spécifiquement féminins. L'ancienne définition de la famille n'a pas contribué, loin de là, à développer une identité masculine claire située dans un contexte de relation émotionnelle vis-à-vis des autres. Les hommes ont tendance à s'éloigner de leur partenaire (ou à en trouver une autre) quand les choses deviennent difficiles, plutôt que de s'accrocher et se battre pour que les choses changent.

Enfin — et ce n'est pas le moins significatif — les hommes ne sont pas récompensés s'ils investissent dans l'aspect émotionnel de leurs relations. Dans notre société de rentabilité, on ne félicite pas les hommes pour qui les liens personnels sont importants parce qu'on considère que cela fait une vente, une visite de clientèle, ou un journal en moins. Dans mon métier, il y a une plaisanterie bien connue : il s'agit du fils d'un psychanalyste qui, lorsqu'on lui demande ce qu'il veut faire quand il sera grand, répond : « Je voudrais être un patient, comme ça, je verrai mon papa cinq fois par semaine. » Ces histoires se racontent avec une fierté à peine déguisée, et aucune honte, par des hommes qui sont réellement dévoués à leur travail. Regardons les choses en face : la célébrité et la gloire n'arrivent pas à ceux qui s'efforcent de conserver un équilibre de vie et refusent de négliger leurs relations les plus importantes. Ces récompenses-là ne sauraient être que privées.

Que nous soyons homme ou femme, je suis persuadée que la compréhension et l'épanouissement de nos relations intimes avec nos amis, nos amants, notre famille sont le domaine où l'on apprend le plus de choses significatives. J'ai fait le choix de m'adresser aux femmes, mais mon sujet concerne aussi les hommes, qui sont les bienvenus. Tous, nous grandissons à travers notre relation émotionnelle avec les autres, et toute notre vie, nous continuons à avoir besoin de relations proches. Ce n'est qu'à travers ces relations que nous parviendrons à connaître et à épanouir notre identité. Et ce n'est qu'en travaillant sur celle-ci que nous pourrons épanouir notre relation aux autres.

Lorsque nous nous éloignons de ceux qui nous sont proches, lorsque nous prétendons n'avoir besoin de personne, immanquablement, nous débouchons sur des problèmes. De la même manière, nous aurons des problèmes à chaque fois qu'une relation commence à tourner mal et que nous refusons de le reconnaître et de consacrer notre énergie à trouver de nouvelles voies de changement. Heureusement, il n'est jamais trop tard pour apprendre à nous comporter différemment dans nos relations clés. A court terme, les changements que nous accomplirons — et les premières réactions qu'ils engendreront, et que nous examinerons — nous feront à coup sûr éprouver de la peur, de la frustration, de la colère, et de la solitude. Mais là comme ailleurs, il faut accepter ces inconvénients à court terme si nous voulons conquérir les bénéfices à long terme.

2

Le changement : un défi

Ce livre parle du changement, qui est la clé de toute chose. Quand vous l'aurez lu, je l'espère au moins, vous n'aurez pas acquis une liste de « trucs » pour devenir plus proche de votre entourage, mais une véritable connaissance de la dynamique du changement, une connaissance que vous n'auriez jamais crue possible.

Pourquoi changer ? Ce n'est qu'en nous efforçant de développer et de redéfinir notre identité au sein de nos relations les plus importantes que nous pourrons véritablement accroître notre capacité à l'intimité. C'est très simple : il n'y a pas d'autre moyen.

Changer ou ne pas changer

Notre société change à toute vitesse : seules deux choses peuvent être considérées comme immuables. Ce qui ne changera jamais, c'est la volonté de changement et la peur du changement. La première nous pousse à chercher de l'aide. La seconde nous exhorte à résister à cette aide que nous avons cherchée.

On raconte qu'un vieux fermier de la Nouvelle Angleterre à qui l'on demandait d'assister à une réunion au siège du comté demanda : « Pourquoi faire ? Qu'est-ce que ça va me rapporter ? » « Eh bien, cette réunion vous apprendra à mieux faire votre métier ». Le fermier resta pensif quelques instants puis répondit : « Pourquoi irais-je à une réunion pour apprendre à mieux faire mon métier : je sais très bien que je pourrais mieux faire ! »

Tous, nous éprouvons envers le changement des sentiments très ambigus. Nous cherchons la sagesse des autres quand nous ne savons pas bien utiliser la nôtre, puis nous rechignons à appliquer cette sagesse que nous avons cherchée, et qu'on nous a parfois faite payer. Il ne s'agit pas de névrose ou de lâcheté, mais le désir de changement et la volonté de conserver ce qui existe ont une bonne raison de coexister. Tous deux sont essentiels à notre bien-être émotionnel, tous deux méritent également notre attention et notre respect.

Une politique conservatrice

Le mot conservateur n'est pas un de mes préférés. C'est pourtant lui qui décrit le mieux mon attitude envers le changement. En même temps que nous nous efforçons de changer, nous nous efforçons de conserver ce qui en nous est le plus important et le plus familier. Dans une société où, constamment, nous sommes poussés à progresser, à nous informer et à nous perfectionner, il est probablement nécessaire de se demander pourquoi il est nécessaire de changer, et qui nous pousse à changer.

Souvent, nous voulons nous débarrasser d'une partie de nous-mêmes — comme d'un appendice infecté — sans chercher à identifier les aspects positifs de cette partie — trait de caractère ou comportement — que nous considérons comme négative. Peu de choses sont entièrement bonnes ou entièrement mauvaises. Je me rappelle une réunion de mon groupe de femmes, il y a bien des années. Nous avions bu un peu trop et chacune d'entre nous faisait le tour du groupe en disant à chaque femme ce qu'elle aimait le plus et le moins chez elle. Curieusement, il s'avéra que *le meilleur* et *le pire* de chaque personne étaient en fait une seule et même chose, ou, pour être plus précise, différentes variations sur un même thème. Si *le pire* était la tendance qu'avait l'une de nous à attirer l'attention sur elle, *le meilleur* » était sa personnalité énergique et drôle. Si *le pire* d'une autre était son incapacité à se montrer directe, franche et spontanée, son *meilleur* était sa gentillesse, son tact et son respect pour les sentiments des autres. Et ainsi de suite. Ce soir-là, je commençai à acquérir une nouvelle vision de la nature inséparable de nos forces et de nos faiblesses. Loin d'être des contraires, elles sont tissées du même matériau.

Cette expérience a également servi à renforcer une orientation que j'avais commencé à suivre dans ma vie professionnelle. Au début de ma carrière de thérapeute, je considérais comme de mon devoir d'aider mes patients à se débarrasser de certaines caractéristiques — l'obstination, le mutisme, les exigences abusives, le sens de la contradiction, bref, tout trait de caractère qui, apparemment, rendait leur vie — ou mon travail — difficile. Peut-être aussi voulais-je les rapprocher de leur père, les détacher de leur mère, ou encore les rendre plus ou moins ambitieux suivant le cas, plus ou moins introspectifs, plus ou moins ouverts, plus ou moins sûrs d'eux. Je découvris néanmoins que je pouvais me montrer bien plus utile en étant capable d'identifier et d'apprécier les aspects *positifs* de ce qui en eux paraissait des plus négatifs. Paradoxalement, cette prise de conscience s'est avérée salutaire : c'est grâce à cette nouvelle vision que beaucoup de mes patients prirent la bonne route.

Les problèmes sont aussi des objectifs

Plus tard dans ma carrière, j'ai commencé à m'intéresser aux problèmes familiaux. C'est là que j'ai vraiment apprécié combien les comportements négatifs pouvaient remplir des fonctions importantes et positives — même quand ces comportements repoussent les autres ou les rendent hostiles. L'exemple suivant est révélateur.

Juliette a sept ans lorsque ses parents me l'amènent pour une thérapie. En effet, elle est sujette à des crises de rage et à des maux d'estomac. En outre, elle a des comportements inacceptables. Elle constitue réellement le problème de la famille — la malade, celle qu'il faut guérir. Ses parents espèrent que je vais pouvoir *la changer* et la débarrasser de ces comportements violents et auto-destructeurs.

Je les interrogeai de façon méthodique, et appris ainsi que les problèmes de Juliette avaient commencé aussitôt après la mort de son grand-père paternel, à qui elle était très attachée. La famille ne réfléchit guère à ce deuil, et en parle à peine. En outre, depuis la mort de son père, le papa de Juliette a une tendance à se replier sur lui-même et à déprimer. La distance croissante qui s'établit entre lui, sa femme et sa fille — ainsi que son état évident de dépression, *dont personne ne parle* — inquiète tout le monde. La mère de Juliette, néanmoins, n'évoque pas directement son angoisse à propos de son mari et de son mariage qui se détériore. Au lieu de cela, elle se concentre sur les problèmes de sa fille.

A quel moment précis Juliette adopte-t-elle les comportements incriminés ? D'après ce que peux comprendre, cela se produit lorsque l'éloignement de son père et l'angoisse de sa mère à son égard atteignent des proportions intolérables. Et quel est le *résultat* des scènes et des crises de Juliette ? Le papa lointain revient sur terre, et dans sa famille (ainsi, sa dépression cède la place à la colère) et les deux parents se rapprochent temporairement dans leur angoisse commune pour l'enfant.

Dans une certaine mesure, le comportement de Juliette est une tentative de résolution du problème familial. Il révèle également le fort degré d'angoisse qui règne dans cette famille à un tournant de sa vie. Fort souvent, ce que nous identifions comme le problème qu'il faut résoudre ne l'est pas du tout. Comme le montre l'histoire de Juliette, il peut s'agir d'une tentative ratée pour résoudre le vrai problème. Et la « solution » que nous ou les autres appliquons (pour les parents, elle consistait à se concentrer sur le problème de Juliette et à minimiser leurs propres problèmes) ne fait qu'effleurer et maintenir la situation même à laquelle nous essayons de remédier.

Les petits changements

Lorsque j'utilise le mot « conservateur » pour qualifier les changements personnels, cela signifie également que les choses se font lentement — il faut savoir que tous nos pas en avant seront automatiquement accompagnés d'inévitables frustrations et de déraillements. Si nous apprenons à raisonner en termes de petits changements, nous pourrons observer et vérifier l'impact de chaque nouveau comportement sur un système relationnel, et de faire les comptes des pertes et profits du changement. Cela nous aide également à modérer notre tendance naturelle à faire des coups d'éclat, immédiatement suivis d'un abandon pur et simple quand les premières réactions ne sont pas à notre goût.

Un jour, une de mes relations m'annonça qu'elle se proposait de parler à son père pendant les vacances, d'essayer de « se rapprocher » de lui, de « briser le mur ». A mon avis, cela n'annonçait rien de bon. Je ne savais pas trop ce qu'elle entendait par « briser le mur », et pourtant je ne fus pas surprise lorsqu'elle rentra, maussade et vaincue.

Le résultat aurait peut-être été différent si elle avait été moins ambitieuse — si, par exemple, elle s'était fixé un seul modeste objectif de changement. Par exemple, elle aurait pu proposer à son père un petit tête à tête, un café, une promenade. Dans la mesure où pendant les réunions familiales, père et fille n'avaient jamais l'occasion de se retrouver seuls, une telle occasion, à elle seule, aurait constitué un changement significatif. Et s'il avait refusé, elle aurait su qu'il fallait être encore moins exigeante.

D'un point de vue plus conservateur, peut-être était-il prématuré pour elle d'accomplir un *quelconque* changement avant d'avoir un atteint un stade de sérénité et de non-agressivité vis-à-vis du problème qui la préoccupait, à savoir la distance entre elle et son père. Peut-être savait-elle à l'avance que la confrontation était vouée à l'échec, car *elle-même* avait besoin de renforcer sa propre distance par rapport à son père, ainsi que sa perception d'elle-même en tant que personne capable d'intimité. Quoiqu'il en soit, « briser le mur » de quelqu'un n'est jamais un petit changement.

Il est bien rare que les changements profonds qui affectent une relation résultent d'une confrontation violente. Plus souvent, ils sont le fruit d'une réflexion approfondie et de la préparation de mouvements infimes, souples mais fondés sur une véritable compréhension du problème, y compris de la part que nous y prenons. Tant que nous conserverons l'attitude qui consiste à nous boucher le nez et à sauter à l'eau, nous n'accomplirons probablement aucun changement.

Une rassurante ressemblance

Bien sûr, ce serait formidable si nous pouvions changer vite... *mais est-ce si sûr ?* Les bébés et les petits enfants font preuve d'une extraordinaire capacité à changer et à grandir, alors comment se fait-il que ce soit si difficile pour les adultes. Quand mon premier livre a paru, mon fils cadet, Benjamin, avait six ans et je l'entendis dire à un petit copain : « Tu sais que ma mère a travaillé sur ce livre *pendant toute ma vie !* ». Et c'était vrai. Effectivement, pendant ce temps, j'avais beaucoup avancé. Et Ben, qu'avait-il fait ? Il s'était métamorphosé, ni plus ni moins : le petit être rampant, anonnant était devenu une véritable personne de six ans qui en savait beaucoup sur les coulisses de l'édition new-yorkaise ! Pour du changement, c'était du changement !

Plus tard cet après-midi-là, j'étais avec une amie en train de bavarder. Nous nous disions que ce serait incroyable si les adultes étaient capables de conserver les capacités d'apprentissage et de changement des enfants. En réalité, si on y réfléchit bien, ce serait épouvantable. Notre identité, notre sens de la continuité et de la stabilité ici-bas, toutes nos relations primordiales reposent sur notre capacité à conserver une certaine permanence, un caractère prévisible, une absence de changement. Si vous rendez visite à votre père après trois ans d'absence, vous vous attendez à le trouver à peu près semblable à ce que vous avez toujours connu, même si sa personnalité ne vous satisfait pas. En fait, cela est tellement important pour nous que bien souvent, nous refusons de reconnaître et d'apprécier les véritables changements qui sont intervenus.

Mais parallèlement, le changement est permanent et inévitable. Même si nous nous y opposons de toutes nos forces, même si nous nous efforçons d'arrêter les aiguilles de l'horloge et d'avoir une perception statique du monde (« Un jour, ma maison/mon travail/mon corps/ma personnalité sera *exactement* comme je le voudrai, et alors je pourrais me reposer ! »), nous évoluons sans cesse, sans cesse nous dirigeons nos pas dans cette danse complexe qu'est le changement. Valse lente que nous dansons avec nous-même et avec les autres : ou bien tango, en avant, en arrière, entre notre volonté de changement et notre désir de permanence, entre ce que les autres veulent voir changer en nous et nos évolutions qui les effraient, notre propre désir de rapprochement quand l'isolement nous angoisse et notre besoin d'éloignement quand « être ensemble » devient étouffant et pesant.

Les relations bloquées

C'est lorsqu'une relation atteint le stade où elle devient source d'énergie négative et de frustration, lorsque tous nos efforts n'aboutissent qu'à des problèmes renouvelés que le défi du changement est le plus fort. Les exemples qui suivent traitent plus particulièrement de ce type de situation. En effet, trop souvent, ces relations bloquées sont souvent qualifiées de *« trop intenses »* et/ou *« trop distantes »*, empêchant ainsi l'existence d'une véritable intimité.

Trop d'intensité signifie qu'un des partenaires est trop concentré sur l'autre, qu'il le critique ou s'angoisse à son sujet, ou bien qu'il s'efforce de le changer ou de le transformer. Parfois aussi, chacun des partenaires est trop concentré sur l'autre et pas assez sur lui-même. *Trop de distance* signifie qu'il y a peu de vie commune, peu de partage des véritables identités dans la relation. Les problèmes importants sont évités, jamais exposés au grand jour ou discutés. En réalité, bien des relations distantes sont aussi des relations intenses, car l'éloignement est pour certains d'entre nous une façon de gérer l'intensité. Si vous n'avez pas vu votre ex-mari depuis cinq ans, et êtes incapable de parler des enfants sans ressentir une angoisse intérieure, c'est que votre relation est très intense.

Une fois qu'une relation est bloquée, il ne suffit pas de vouloir le changement. D'une part, nos ressentiments sont parfois si violents que nous sommes incapables de réfléchir au problème de façon claire et objective, sans parler du rôle que nous jouons dans la situation. Quand l'intensité est paroxystique, nous *réagissons* (plutôt que d'observer et réfléchir), nous nous concentrons sur *l'autre* de façon abusive (plutôt que sur nous-même), et nous nous retrouvons dans des positions polarisées où nous sommes incapables de voir davantage qu'un seul aspect du problème (le nôtre) et de trouver de nouvelles voies de changement. Il nous arrive de gérer la relation de sorte qu'elle nous angoisse moins à court terme, mais cette façon d'agir amoindrit notre capacité à l'intimité à long terme.

En outre, même si nous voulons vraiment, de toutes nos forces, le changement, nous ignorons parfois les véritables sources d'angoisse qui alimentent le problème relationnel et qui empêchent l'intimité. Nous nous tapons la tête contre les murs d'une *unique* relation, alors que parfois la source du problème se trouve en un lieu que nous ignorons ou négligeons, volontairement ou non. Nous devenons alors comme l'homme de l'histoire, celui qui, ayant trop bu, perdit ses clés dans la rue mais les chercha sous le réverbère parce que c'était le seul endroit éclairé. Dans l'histoire de Juliette, par exemple, on avait décrété que le problème résidait dans le comportement de la petite fille, alors que l'angoisse qui régnait dans la famille était générée par un deuil douloureux. Toutes les relations familiales s'étaient relâchées parce que la mort du grand-père ne pouvait être ni abordée, ni vécue consciemment.

Si une relation traverse une période véritablement difficile, c'est de cela que nous voulons parler, c'est *elle* que nous voulons changer. Notre désir de nous concentrer sur ce qui nous fait souffrir est bien compréhensible, et il arrive parfois qu'il soit inutile d'aller plus loin. Mais bien souvent, le problème relationnel est alimenté par des problèmes non évoqués — problèmes passés ou actuels — et situés dans un autre domaine. Il arrive parfois qu'une épouse ne puisse tout simplement pas avoir une véritable relation avec son mari tant qu'elle n'a pas résolu les problèmes qu'elle a avec son père, sa mère, tant qu'elle n'a pas changé la position qu'elle occupe dans le schéma familial, tant qu'elle n'en sait pas davantage sur la mort de l'oncle Charles.

Dans ce livre, nous allons explorer en profondeur ce problème de blocage des relations, et suivrons les différentes étapes franchies par certaines femmes qui sont parvenues à se construire une identité plus solide et à établir avec les autres une relation plus intime. Nous verrons que *tout* changement, dans une relation, repose directement sur notre capacité à apporter à cette relation *davantage de nous-même*. Si notre identité n'est pas suffisamment autonome et définie, nos relations deviennent *effectivement* trop intenses ou trop distantes, ou alternativement l'un et l'autre. Nous voulons la proximité, mais nous ne savons pas changer de façon efficace : une semaine, nous nous plaignons amèrement, la semaine suivante, nous nous réfugions dans un froid éloignement. Ces deux comportements n'apportent rien de neuf. Si notre identité n'est pas suffisamment claire, nous réagissons trop violemment à ce que l'autre *nous* fait, ou ne nous fait *pas* — et nous finissons, désemparées, par ne plus pouvoir déterminer notre nouvelle position dans la relation.

Dans notre société, il est important de développer le « Je ». Des termes tels qu' « autonomie », « indépendance », « authenticité », « personnalité » sont populaires, même s'il ne s'agit pas d'objectifs universels. Et pourtant on comprend encore bien mal la signification de ces mots, on ne sait pas qui les définit, on ne sait pas non plus comment on peut évaluer et améliorer notre position sur l' « échelle d'autonomie ». La véritable intimité, celle de la maturité, repose entièrement sur le concept de *« soi »*, alors cela vaut la peine de l'examiner en détail.

3

L'autonomie : à quel prix ?

Partout, on nous pousse à acquérir de l'autonomie — à trouver et à exprimer notre identité réelle. L'incident que je vais raconter est, naïvement peut-être, bien révélateur de la glorification du soi que prône notre culture. Un jeune écrivain en herbe venait de passer de longues heures à fignoler sa dissertation pour son diplôme d'anglais, tout cela pour obtenir un médiocre C-. « Soyez *vous-même* », avait noté en rouge son professeur, non sans souligner « *vous-même* » plusieurs fois. En-dessous, peut-être après un moment de réflexion, le professeur avait rajouté : « Et si ce devoir reflète ce que vous êtes, alors soyez quelqu'un d'autre. »

Peut-être la vie serait-elle plus simple si les personnes les plus importantes de notre vie étaient capables d'affronter de façon aussi ouverte et directe les contradictions qu'elles nous opposent. Malheureusement, les messages contradictoires sont trop souvent tellement subtils et camouflés que nous ne nous apercevons même pas que nous les transmettons ou les recevons. « Sois indépendante ! » : tel est le message officiel que nous transmettent nos parents ou notre époux. Mais bien souvent ce message est neutralisé par une autre demande non formulée : « Sois comme moi » ou même « Sois pour moi ». Notre petit ami du moment nous dit : « Sois donc moins collante ! ». Et, inconsciemment, il nous encourage à exprimer notre dépendance, celle-là même qu'il craint de reconnaître en lui-même. « Prends-toi donc en charge », nous dira notre mari. Mais, quand nous nous décidons enfin à nous inscrire à l'université, il déprime et nous en veut.

Depuis notre première couche-culotte, notre famille nous encourage à être nous-mêmes, mais inconsciemment, elle nous pousse également à exprimer certaines caractéristiques, certaines qualités ou certains comportements tout en en refoulant d'autres. *Pour leur propre bien*, les autres ont besoin que nous soyons comme ceci ou comme cela, ceci pour les raisons les plus complexes et les plus variées. Toute notre vie, nous apprenons que la survie de nos relations et l'intégrité de notre famille dépendent de notre façon d'être. Et, sans le vouloir, nous aussi communiquons les mêmes messages aux autres. Bien sûr, si nous voulons devenir des êtres civilisés, nous devons apprendre à reconnaître ce que les autres veulent de nous. Aucune « identité réelle » ne saurait s'épanouir dans un vide absolu, sans influence familiale ou culturelle. Néanmoins, ce sont les messages implicites ou *inconscients* — ceux qui ne sont perçus consciemment ni par l'expéditeur ni par le destinataire — qui sont porteurs du pouvoir négatif le plus nuisible.

Pour les femmes, le dilemme de l'identité est encore plus complexe. En effet, les femmes sont encore un groupe subordonné, leur « vraie nature », leur « place » ont toujours été définies par les désirs et les peurs des hommes. Comment s'y prendre alors pour dégager de cette myriade de messages ambigus et d'injonctions, qui nous submerge de la naissance à la mort, un « soi » suffisamment clair et authentique ?

Au niveau le plus simple, « être soi-même » signifie que nous pouvons être nous-mêmes et non pas ce que les autres veulent que nous soyons. Cela signifie également que nous laissons les autres libres, de la même façon, que, dans nos relations, nous veillons à ce que notre « moi » n'y perde pas (car c'est à cela qu'on encourage les femmes), et que nous ne sublimons pas notre moi aux dépens de l'autre (ce qu'on encourage les hommes à faire). Aussi simple que cela paraisse, le passage à l'acte est très difficile. En fait, tout mouvement cohérent en direction de l'autonomie est un défi difficile et risqué.

Pour les femmes, la nécessité *d'être soi* est une évolution toute récente. Désintéressement, sacrifice de soi, dévouement : telles étaient les vertus honorées chez nos mères et nos grands-mères. Aujourd'hui, en revanche, nous sommes bombardées de messages qui nous enjoignent d'être fortes, sûres de nous, indépendantes, autonomes, au moins en théorie, car dans une relation réelle, ces qualités-là ne sont pas nécessairement les bienvenues. Si bien qu'aujourd'hui, si nous n'apprenons pas à utiliser les talents qu'on veut nous imposer, nous nous sentons méprisables. Mais nul n'a le courage de dire combien la tâche est énorme, ni de respecter les bonnes raisons qui font que nous ne pouvons pas changer. L'histoire qui suit est une bonne illustration d'une de ces raisons.

Le courrier des lectrices

Il y a quelques années, voilà ce qu'on pouvait lire dans le courrier des lectrices d'un magazine féminin connu pour ses idées libérales et influencées par le mouvement féministe :

> *« J'ai le regret de vous demander d'annuler mon abonnement... Depuis bien des années, votre magazine m'a apporté beaucoup de joies, mais depuis deux mois, je suis obligée de le* cacher *dans le tiroir de ma coiffeuse. Mon mari, un homme censément « libéral et compréhensif » estime que le magazine a changé ma personnalité, et qu'à cause de lui je suis moins obéissante. Comme j'ai envie de préserver mon mariage, j'annule mon abonnement. J'ai envie de pleurer... »*

« Voilà une femme qui veut ne pas changer », me dis-je. Je découpai la lettre et la lis à un petit groupe d'étudiants en psychologie afin de voir leurs réactions. Le premier lit la lettre et conclut que tout le problème était de la responsabilité du mari. Le deuxième en voulait à la femme qui donnait à son mari le pouvoir de prendre des décisions à sa place, tout cela pour l'en accuser après. La troisième pensait que le responsable était notre culture patriarcale — la domination masculine bien enracinée qui nous touche tous. La quatrième mordit dans son sandwich au poulet et nota tout simplement : « Eh bien, ces deux-là vont bien ensemble. »

Ces étudiants — deux filles et deux garçons — avaient des opinions bien différentes et répartissaient différememnt les responsabilités. Mais la discussion se poursuivit, et bientôt ils tombèrent tous d'accord sur un point essentiel. Tous, nous pouvons changer et faire des choix. Cette femme n'est pas *obligée* de cacher son magazine dans sa coiffeuse, elle n'est pas *obligée* non plus d'annuler son abonnement. Elle aurait pu choisir une autre conduite. En admettant, comme le fit bien remarquer un des étudiants, « qu'elle ait *réellement* envie de changer. »

Cette réflexion mérite d'être analysée. Essayons de déterminer les raisons qui ont pu empêcher cette femme de modifier sa relation principale en transformant et en renforçant sa propre identité. Une fois que nous aurons compris cela, nous jaugerons à sa juste mesure le défi que représente le dilemme du changement.

Une petite pause sera la bienvenue. Pensons un peu à l'auteur de la lettre, que nous appellerons Chantal. Comment percevez-*vous* la réaction de Chantal, sa promptitude à se compromettre sous la pression de son mari ? Dans son histoire, quels sont les éléments qui ont pu la mener à cette situation ? Dans sa situation actuelle, quel contexte peut la retenir ? Imaginons le pire — à court terme *et* à long terme — de ce qui pourrait survenir si Chantal avait décidé de se comporter différemment et d'affirmer son identité face à son mari (« Je ne te demande pas d'apprécier ce magazine, mais j'entends décider moi-même de ce que je lis ») ? Si les conséquences du changement sont trop lourdes, quels seront les coûts d'une décision inverse, qui impliquerait le maintien du même schéma pendant les dix années à venir ? Quels adjectifs vous viennent à l'esprit pour qualifier la personnalité et le caractère de Chantal ?

Replacer le problème dans son contexte

Vous êtes peut-être totalement insensible au problème de Chantal. Peut-être est-elle pour vous une femme infantile qui prend plaisir à être l'enfant de son mari, qui refuse de grandir et de devenir responsable d'elle-même. Peut-être même *aime-t-elle* la souffrance et la douleur émotionnelle — peut-être fait-elle partie de ces « masos ». Peut-être aussi est-elle paresseuse, immature, apathique, peut-etre refuse-t-elle de faire l'effort qu'exige le changement. Effectivement, si nous nous concentrons sur Chantal et considérons que son problème est en elle, et rien qu'en elle, ces conclusions nous viendront probablement à l'esprit.

Maintenant, supposons que nous soyons à même de replacer le problème de Chantal dans un contexte plus large et d'examiner sa situation avec un objectif grand angle. Réfléchissez. *Parmi les hypothèses que j'énumère ci-après, en existe-t-il une ou plusieurs qui soient susceptibles de modifier votre jugement et de mieux comprendre son comportement ?*

Si Chantal était une femme d'âge mûr, avec trois petits enfants, aucune formation, aucun savoir-faire vendable et aucun revenu ? Si tout changement entraînait chez son mari une réaction telle qu'il serait prêt à la quitter ? Cela changerait-il votre opinion si vous saviez que Chantal, à un mari près, en est au RMI ?

Et si le fonctionnement du mari, apparemment satisfaisant, ne l'était qu'à la condition que Chantal ne fonctionne, elle, pas bien. Et si, à chaque fois qu'elle va mieux, son mari allait plus mal ? Cela changerait-il votre opinion de savoir que son mari a un passé psychologique trouble, avec violences, dépression sérieuse — mais qu'il va mieux depuis que Chantal a adopté une attitude plus soumise et plus conciliante ?

Et si, dans la famille de Chantal, on obéissait à des tabous qui s'opposent à l'expression des différences. Si, toute petite, Chantal avait appris que s'affirmer en tant que personne constituait une menace envers les relations familiales qui étaient pour elles fondamentales ?

Et si, en annulant son abonnement, Chantal se comportait exactement comme l'ont fait les femmes de sa famille depuis trois siècles ? Et si l'obéissance au mari faisait partie d'une tradition familiale séculaire, qui relie Chantal à toutes ses ancêtres femmes ? Peut-être que si Chantal avait réagi différemment, elle aurait jeté un défi à la réalité même des générations qui l'ont précédée et aurait ainsi perpétré, inconsciemment tout au moins, une trahison — une perte d'identité et de sens ?

Ces informations, ces petits morceaux de vie, modifient-ils en quelque manière votre réaction face à la décision de Chantal ? Ou bien pensez-vous, comme les étudiants, que Chantal pourrait changer, si elle le voulait *vraiment ?*

Ce que nous ne savons pas

Nous sommes tous des psychologues, même si ce n'est pas notre métier. Quand nous nous montrons incapables d'effectuer un changement que nous désirons, nous construisons une explication qui donnera un sens à notre douloureuse expérience. Nous nous diagnostiquons nous-mêmes (« J'ai peur de ma sexualité, voilà pourquoi je n'arrive pas à maigrir »), ou nous diagnostiquons l'autre (« L'intimité, il ne supporte pas »). Nous accusons notre mère, nos gênes, nos hormones, ou les étoiles, mais à chaque fois, notre compréhension du problème n'est qu'une toute petite pièce d'un puzzle géant.

En fait, nous ignorons presque tout de cette volonté de non changement qui est en chacun de nous. Supposons que Chantal aille voir dix thérapeutes — puis qu'elle résiste à leurs efforts pour l'aider à devenir plus sûre d'elle — : elle bénéficierait probablement de dix interprétations différentes. Chaque interprétation serait fondée sur la théorie personnelle du thérapeute ou son opinion sur le refus de changement de Chantal. De plus, ces dix interprétations seront peut-être fausses, ou bien toutes exactes, et alors chacune représentera une petite partie d'un tableau beaucoup plus vaste et beaucoup plus complexe. On nous pousse à considérer le verdict du spécialiste comme une vérité absolue, alors qu'en réalité, une grande partie du comportement humain est encore inexplorée.

Dans ce cas, ce qu'on peut affirmer de plus certain, c'est qu'aucun spécialiste ne peut être sûr à 100 % de ce qui constitue la meilleure solution pour Chantal à ce moment précis, et des changements qu'elle est capable d'accepter. D'une part, les coûts du *non*-changement sont souvent très clairs. Pour Chantal, ces coûts peuvent être une colère et une amertume chronique, un sentiment de dépression, d'angoisse, de manque d'estime de soi, ou même une haine de soi. Inhibitions sexuelles ou professionnelles, douleurs physiques, tous les symptômes sont possibles. Nous *savons* que nous devons payer lorsque nous trahissons et sacrifions notre identité, quand une trop grande proportion de notre moi est négociable dès que l'autre exerce sa pression.

Il est beaucoup plus difficile de déterminer — car nous n'avons aucun moyen de le connaître avec certitude — le prix que Chantal paierait si elle changeait à ce moment précis. Seule Chantal elle-même peut en avoir une idée, et encore ne serait-ce *qu'une fois* qu'elle aura accompli le changement et qu'elle *s'en sera tenu à sa décision* malgré l'inévitable tumulte et l'inévitable angoisse qu'un tel changement provoquera immanquablement. Comme Margaret Mead l'a très justement fait remarquer, les troubles que provoque le changement ne peuvent être résolus que par *d'autres changements*. C'est ainsi qu'une chose en entraîne une autre. Si Chantal décide de *ne pas* annuler son abonnement, elle ressentira une pression intérieure qui la poussera à prendre des décisions sur d'autres problèmes qui lui tiennent à cœur. Avec la perturbation de l'équilibre conjugal, son mari sera, lui aussi, obligé de changer. Mais quelle quantité de changements ces deux personnes sont-elles capables de supporter à long terme ? La réponse est simple : nul ne le sait.

Pour changer, il faut du courage, mais ne pas réussir à changer ne signifie pas qu'on manque de courage. Les femmes sont promptes à culpabiliser et à se laisser accuser par les autres quand elles ne parviennent pas à accomplir les changements qu'elles souhaitent ou que les autres préconisent. Nous ne savons pas écouter la sagesse de notre inconscient, qui parfois nous crie « Non ! » alors que notre conscience nous dit : « Vas-y ! »

N'oubliez jamais que les spécialistes en savent fort peu sur le processus du changement. Souvenez-vous aussi que les schémas comportementaux les plus auto-destructeurs et les plus difficiles ont peut-être une excellente raison d'exister. Nous l'avons déjà constaté avec l'histoire de la petite Judy, au chapitre 1. Voici un exemple de première main :

La volonté de ne pas changer : une expérience personnelle

Quand j'avais douze ans, on annonça à ma mère qu'elle avait un cancer de l'utérus avancé. Les premiers symptômes de la maladie étaient passés inaperçus, sous couvert de ménopause, et quand le diagnostic exact fut prononcé, le pronostic était sombre. C'était dans les années cinquante. A l'époque, on protégeait soigneusement les enfants de ce type d'information douloureuse : secret et mutisme étaient de rigueur. On ne nous dit rien sur la santé de ma mère, mais nous voyions bien qu'elle était en train de mourir. Dans la famille, le degré d'angoisse atteignait son paroxysme, mais la source de l'angoisse n'était jamais mentionnée. Le mot « cancer » n'était jamais prononcé.

Ma sœur aînée, Susan — l'aînée type — géra son angoisse en *sur-fonctionnant.* Moi — la cadette type —, je me mis à *sous-fonctionner.* Plus le temps passait, plus nos positions devenaient caricaturales et enracinées. Plus ma sœur sur-fonctionnait, plus je sous-fonctionnais, et inversement. Voilà ce qui se produisit.

Susan venait d'entrer à l'Université Barnard. Chaque jour, elle avait trois heures de transport en métro entre Brooklyn et Manhattan. Elle rentrait, et aussitôt, elle s'occupait de la maison. Elle faisait la cuisine, le ménage, le repassage et tout le reste avec une compétence sans pareille et sans la moindre récrimination. Si elle avait peur ou si elle éprouvait de l'angoisse, elle le dissimulait, y compris à elle-même. Quant à moi, je devins aussi insupportable qu'elle était admirable — je me mis à faire des scènes, à exiger des vêtements que le budget familial ne permettait pas d'acheter, et à mettre du désordre plus vite que ma sœur ne pouvait ranger. Je me fis aussi remarquer à l'école, et on informa mes parents que jamais je ne pourrais entrer au lycée.

Mon père prit ses distances (un comportement typiquement masculin face au stress) et ma mère géra son angoisse en se concentrant sur moi. 98 % de son potentiel d'angoisse était dirigé sur moi. Elle se mit à penser que si elle mourait, je ne m'en sortirais pas. (Susan, à son avis, s'en sortirait très bien). Ma mère, qui se vantait toujours d'être une battante, une survivante, décida alors *qu'à cause de moi*, il ne fallait pas qu'elle meure. Et elle ne mourut pas. Aujourd'hui encore (au moment où j'écris ces lignes, elle va sur ses quatre-vingts ans), elle n'hésite pas un instant quand on lui demande comment elle a pu survivre malgré les avis des médecins qui étaient des plus sombres. « Voyez-vous », réplique-t-elle comme si la réponse était parfaitement logique et ne méritait aucune explication, « je ne pouvais pas mourir à cette époque-là. Harriet avait besoin de moi, elle était vraiment impossible ! »

C'est vrai, j'étais impossible — et incorrigible en plus. On m'envoya en psychothérapie, et le thérapeute fit de son mieux pour arranger les choses, mais mon désir inconscient de ne pas changer était plus fort que ses tentatives les plus désespérées pour m'aider. Je demeurai impossible jusqu'à ce que je sente avec une absolue certitude que ma mère était hors de danger.

En étant impossible, ai-je permis à la mère de rester en vie ? Tout récemment, je lui ai téléphoné à Phoenix et lui ai posé la question tout à trac. Aujourd'hui, notre famille est capable de parler de problèmes émotionnels difficiles de façon beaucoup plus ouverte, ce qui était impossible à l'époque. Serait-elle morte si je lui avais donné l'impression que j'allais très bien ?

Ma mère réfléchit, et très honnêtement, elle me répondit qu'en y repensant, elle n'en n'était pas sûre. Quand on diagnostiqua le cancer, elle n'avait « pas d'identité » ; elle était capable de donner et d'agir pour ses enfants, mais pas pour elle-même. Au début, m'expliqua-t-elle, elle luttait à 80 % pour moi, et à 20 % pour elle. Puis, avec le temps, l'équilibre se rétablit et ma mère apprit à reconnaître la véritable valeur de sa propre vie.

Ma réaction a-t-elle *vraiment* permis à ma mère de survivre ? On ne peut pas en être certain. Néanmoins je suis sûre d'une chose. A un niveau inconscient, cette enfant de douze ans était persuadée que c'était son rôle que de maintenir sa mère en vie, et que le seul moyen de le faire, c'était de devenir impossible. J'en étais aussi intimement persuadée que ma sœur Susan était persuadée que l'intégrité de la famille dépendait sur le fait qu'elle était la grande fille responsable, la bonne fille, celle qui savait cacher toute manifestation de vulnérabilité ou de peine. Je tins bon dans ma résolution de résister à tous les efforts que l'on faisait pour me « dresser ». Et tristement, nous ne disposions pas à l'époque de l'aide dont notre famille avait réellement besoin, et qui nous aurait permis à tous quatre de traverser cette période de maladie de façon plus ouverte et plus directe.

Cette histoire que je vous ai confiée, cette lettre à un magazine que je vous ai demandé d'analyser, vous aideront, je l'espère, à vous montrer patiente dans vos approches du changement. Les idées et les suggestions que je vais vous proposer vous seront très utiles si vous les appréhendez avec une attitude ouverte, courageuse, une attitude d'expérimentatrice. Souvenez-vous que vous êtes la seule à savoir quels sont les changements *nécessaires*, quel doit être votre rythme, et quel en sera le coût. Aucun spécialiste, même votre propre psychologue, ne sait vraiment quel est le bon moment pour accomplir le changement, quelle proportion de changement est tolérable et quelles sont les doses à ne pas dépasser.

Heureusement, l'inconscient est sage. Les informations que vous trouverez dans ce livre seront toujours présentes — même quand vous penserez les avoir oubliées — jusqu'à ce que le moment soit venu de les utiliser. N'oubliez jamais que tout ce que vous êtes, tout ce que vous faites aujourd'hui existe pour une bonne raison et répond à un objectif important. Faites confiance à votre propre intuition, plus qu'aux spécialistes qui veulent vous faire changer, y compris l'auteur de ce livre. Car finalement, vous êtes le meilleur des spécialistes pour ce qui concerne votre propre identité.

Identité et dépersonnalisation : une définition

Si notre capacité à l'intimité repose tout d'abord sur nos efforts persistants pour *affirmer notre moi,* comment estimer notre position sur l'échelle de l'identité ? Comment mesurer notre capacité à nous forger une identité autonome, complète et indépendante au sein de nos relations les plus proches ? Que nous parlions d' « identité » ou que nous préférions un autre terme, « autonomie » ou « indépendance », quels sont les critères qui montrent que nous la possédons, et à quel degré ? Avant de poursuivre votre lecture, essayez de mesurer votre propre cas. Comment définiriez-*vous* l'identité ? Quand vous dites : « Elle (ou il) est très indépendante ! », que voulez-vous dire exactement ?

Pour commencer, voilà ce que je ne veux *pas* dire quand j'utilise ces mots. Je ne veux *pas* dire : « Elle siège au conseil d'administration de la General Motors », ni « Apparemment, il n'a aucun besoin des autres », ni « Elle se moque de ce qu'on pense d'elle », ni « Il a tout compris, aucun problème ». Ces affirmations-là qualifient davantage une *pseudo-indépendance* qu'une réelle identité. *Tous*, nous avons besoin des autres, *tous,* nous sommes profondément affectés par ce que les autres nous font. Personne n'ignore les angoisses, la vulnérabilité, les problèmes. Et même si le résultat est gratifiant, le fait d'avoir su gravir les échelons sociaux ne signifie pas qu'on soit réellement « indépendant ». En fait, la réussite sociale demande certainement une forte dose de conformisme et de sacrifice des valeurs personnelles.

Il est vrai que pour beaucoup d'entre nous, l'indépendance et l'identité sont ainsi faites qu'elles sont *indissociables* de la réussite sociale. Dans un tel contexte, il est indéniable que les hommes paraissent plus autonomes que les femmes. Dans la réalité, ce n'est pas le cas. En effet, beaucoup d'hommes peuvent se prévaloir d'une *pseudo-identité* et d'une *pseudo-indépendance* qu'ils ont acquises aux dépens des autres : les femmes, les enfants et les hommes moins puissants qu'eux.

Comment procéder pour réfléchir de façon plus objective à ce problème de l'identité ? Comment allons-nous définir nos termes ?

Le bas de l'échelle d'identité : définition

La lettre de Chantal est un bel exemple de couple qui fonctionne tout en bas de l'échelle d'identité. Nous pouvons présumer sans trop de risque de nous tromper que le mari se sent menacé par l'émergence de *différences* dans la relation et par l'évolution de son épouse. Sa position de domination (il était jusqu'à présent celui qui établissait les règles de la relation) lui donnait peut-être un sentiment de pseudo-identité (ou de pseudo-indépendance), mais ce sentiment repose sur la position conciliante et inférieure de l'épouse. Chantal, quant à elle, sacrifie une bonne partie de sa personnalité dans ce mariage. En effet, il est quasiment certain que le problème du magazine n'est pas le seul à propos duquel elle ne sait pas s'en tenir à sa décision, se montrant ainsi coupable d'un comportement qui ne rend pas comte de ses propres opinions et de ses valeurs. Ce qui ne signifie aucunement que le comportement de ce couple n'a ni rime ni raison. En fait, cette danse conjugale est une caricature un peu exagérée du modèle qui est encouragé et préconisé par notre culture, et maintenu en vigueur par les structures sociales et économiques. Néanmoins, le lecteur le plus étourdi aura remarqué que ni le mari ni la femme ne font preuve d'une forte autonomie.

Il existe bien d'autres manières de sacrifier ou de perdre son identité, et elles sont parfois moins visibles et moins facilement identifiables. Quand l'angoisse est forte, et surtout si elle dure, *il nous arrive souvent de nous mettre dans des situations extrêmes à l'intérieur de nos relations, des positions ou notre identité perd son équilibre, et où les relations deviennent concentrées sur un seul point.* Preuve en est le comportement de ma famille pendant la période de forte angoisse qui a suivi le diagnostic du cancer de ma mère.

Commençons par examiner le rôle que j'ai joué : la brebis galeuse de la famille, l'enfant à problème, toutes ces personnalités représentaient des situations de dépersonnalisation. Je n'étais pas capable de me libérer de l'angoisse et de la peine familiales, d'utiliser mes compétences et de montrer aux autres toute ma force. Comme Chantal, je croyais que l'intégrité de mes relations, peut-être même ma survie, dépendaient de mon abandon d'identité. Contrairement à Chantal, je n'aurais pas pu exprimer mon dilemme. Contrairement à elle, ce n'est pas *consciemment* que j'ai abandonné mon identité.

Et ma sœur ? Son comportement d'hyper-compétence, de maturité, de responsabilité, son air de tout maîtriser semblent, à première vue, montrer qu'*elle* était tout en haut de l'échelle d'identité. D'ailleurs, c'est ainsi que les autres le voyaient, y compris mes parents qui pensaient que Susan naviguait sans problèmes en cette période de crise. Et pourtant le sur-fonctionnement de Susan révélait, autant que mon sous-fonctionnement, une dépersonnalisation. Elle ne se situait pas plus haut sur l'échelle d'identité, elle était juste sur le côté opposé de la balançoire. Tous, nous avons un côté vulnérable, tous, nous possédons force et compétence. Quand nous ne pouvons pas exprimer ces *deux* aspects de façon équilibrée, c'est que nous sommes incapables de fonctionner avec une identité complète et authentique.

Mon père, quant à lui, comme beaucoup d'autres hommes, a pris de la distance. Peut-être essayait-il ainsi d'aider la famille, sans doute voulait-il juguler son angoisse. On dit souvent des personnes distantes qu'elles n'ont pas de sentiments. *Mais prendre de la distance est en réalité une manière de gérer des sentiments très intenses.* C'est également une situation de dépersonnalisation. Quand nous sommes incapables de maintenir le lien avec les membres de notre famille, d'aborder directement les problèmes importants, c'est que nous ne sommes pas bien haut sur l'échelle de l'identité.

Ma mère, selon ses dires, n'avait pas assez de sens de l'identité pour choisir de vivre pour elle-même. Aujourd'hui, elle est capable de parler avec éloquence de son cancer et de dire comment il l'a mise au défi d'être elle-même et d'exister pour elle-même. Mais cela ne survint que bien plus tard. On le voit, se concentrer sur un enfant (ou un autre membre de la famille) est un autre moyen de gérer l'angoisse, aux dépens de son identité et de l'individu lui-même.

Pour acquérir davantage d'identité

Loin de moi l'intention de faire de ma famille un rassemblement de névrosés, de personnes dépourvues d'identité. Bien au contraire. Ma mère, mon père, ma sœur et moi-même nous comportions tout simplement comme bien d'autres individus et familles se comportent en situation de stress. *Sur-fonctionnement, sous-fonctionnement, lutte, recherche du rapprochement, éloignement, concentration sur un enfant*, autant de méthodes classiques pour gérer l'angoisse. Aucune n'est meilleure que l'autre.

Lorsque l'angoisse est forte, lorsqu'elle dure, nous nous laissons enfermer dans des positions rigides et extrêmes. C'est alors que nos relations se polarisent et se bloquent, car nous avons du mal à imaginer de nouveaux schémas de comportement. En fait, toutes les choses que nous faisons pour diminuer notre angoisse ont habituellement pour effet de perpétuer l'ancien schéma et de bloquer toute possibilité d'intimité. En outre, les véritables sources d'angoisse sont souvent difficiles à identifier et à soigner.

Quand ce genre de pourrissement se produit, nous devons travailler sur notre « je », et nous efforcer d'acquérir davantage d'identité. Peut-être commencez-vous à entrevoir la quantité de travail qu'il va falloir fournir. Nous grimpons l'échelle de l'identité (et l'échelle de l'intimité, par la même occasion) lorsque nous sommes capables de :

- offrir une image équilibrée de nos forces et de nos vulnérabilités,
- exprimer clairement nos opinions, nos valeurs et nos priorités, puis adopter une conduite cohérente,

- demeurer en relation émotionnelle avec les personnes importantes de notre entourage, même quand les situations sont difficiles,
- affronter les problèmes difficiles et douloureux, prendre position sur tout ce qui nous importe,
- affirmer nos différences et laisser les autres libres d'en faire autant.

Evidemment, *cela ne suffit pas*, mais c'est un bon départ. Sachez que l'intimité est faite de tout cela.

Dans les chapitres qui viennent, nous verrons que si nous voulons acquérir davantage d'intimité, nous devons nous concentrer sur notre propre personne, car c'est elle le principal véhicule du changement, tout en replaçant notre identité dans un contexte aussi large que possible. Tâche souvent difficile dans des circonstances favorables, bien plus ardue encore quand l'angoisse est là.

4

L'angoisse, encore elle : identifier le problème

« L'angoisse, c'est vraiment l'horreur », disais-je il n'y a pas longtemps à une amie très chère. A l'époque, j'en subissais plus que ma part. Mon amie, essayant de me remonter le moral tout en prenant un peu de distance, me rappela qu'on ne meurt pas d'angoisse — et qu'un jour, de toute façon, cela se calme. Ce n'était pas une mauvaise idée. L'angoisse vous donne des tremblements, vous empêche de dormir, vous fait perdre la mémoire quand ce n'est pas la tête. Mais elle est rarement mortelle. Et effectivement, un jour ou l'autre, elle disparaît.

Bien sûr, ce n'est pas si simple. Tout ce que nous faisons pour *éviter* d'éprouver de l'angoisse, et nos façons personnelles d'y *réagir*, peuvent provoquer de véritables blocages relationnels et personnels. Ce qui, à court terme, semble raisonnable et adapté, peut coûter très cher à long terme. Il arrive même que le prix à payer saute une génération.

L'impact initial de l'angoisse sur une relation consiste toujours en une réactivité accrue. La réactivité est une réaction automatique, engendrée par l'angoisse. Quand nous nous trouvons en phase de réactivité, nous sommes mus par nos sentiments, incapables de réfléchir à la manière dont nous souhaitons les exprimer. En fait, nous devenons incapables de réfléchir à notre identité et à nos relations avec une quelconque objectivité. Nous souhaitons sincèrement que les choses deviennent plus sereines, plus intimes, mais, par réflexe, nous continuons à faire ce que nous faisons toujours, et il en résulte une situation toujours similaire, si ce n'est aggravée.

Quel que soit notre mode de gestion des relations importantes quand nous sommes stressés — rapprochement, éloignement, lutte, concentration sur un enfant, sur-fonctionnement ou sous-fonctionnement —, il se trouvera renforcé et accentué si nous nous trouvons dans un domaine émotionnel porteur d'angoisse. C'est tout à fait normal. La question capitale est de savoir ce qui va se passer après. La réactivité... et après ?

Dans certaines circonstances, nous sommes parfois capables de prendre un peu de recul, de mettre une sourdine à notre réactivité vis-à-vis de l'autre et de réfléchir aux solutions. Nous sommes capables d'entrevoir notre mode de fonctionnement face à la situation, d'observer comment il interagit avec le style des autres, et ainsi de modifier le rôle que nous jouons dans des situations de blocage qui empêchent l'intimité. Mais il arrive de temps en temps que nous soyons totalement incapables de calmer notre réactivité par un simple acte de volonté. Au lieu de cela, nous avons besoin d'être confrontés à la source d'angoisse qui nous met dans un tel état. Souvent, notre réactivité face à une relation est alimentée par une source complètement différente. Voyons comment fonctionne ce processus.

L'angoisse et le cycle infernal

Il y a deux ans environ, ma sœur me confia qu'elle était confrontée à un véritable problème avec son compagnon, David. Susan se sentait complètement engagée dans cette relation, et pourtant David affirmait qu'il avait besoin de temps pour résoudre un certain nombre de questions avant de prendre la décision de vivre ensemble. La situation était difficile parce que Susan et David habitaient deux villes différentes, ce qui impliquait de longs et épuisants allers et retours le week-end. Néanmoins, la situation — tant en ce qui concerne l'éloignement que l'indécision de David — n'était pas nouvelle et durait depuis un bon moment déjà.

En revanche, la sensation de panique de ma sœur, *elle,* était nouvelle. Le résultat était qu'elle pressait David de prendre une décision qu'il n'était pas prêt à prendre. Depuis un certain temps, ma sœur s'efforçait de comprendre pourquoi elle s'attachait toujours à des hommes qui avaient tendance à établir une distance : c'est pourquoi elle ressentit son comportement comme un signal d'alarme. Pourtant, elle se montra incapable d'apaiser sa réactivité et de cesser ses pressions. Quand elle se décida à me parler, elle était dans un état terrible.

En réfléchissant à la situation, je fus frappée par le *moment* où surgissait le problème. Le désespoir de Susan et l'accroissement de sa réactivité face aux hésitations de David suivaient en effet un voyage que nous avions fait ensemble à Phoenix pour voir nos parents et notre oncle Si, qui était mourant, victime d'un cancer du poumon qui progressait rapidement. Le diagnostic avait constitué un véritable choc pour nous, car cet homme était quelqu'un d'énergique et de profondément humain : nous étions persuadés qu'il nous enterrerait tous. Cette visite nous rappela aussi nos deuils passés, les deuils que nous redoutions, ainsi qu'un certain nombre de problèmes de santé et d'inquiétudes qui touchaient notre famille. De tous ces souvenirs, le plus éprouvant pour Susan était la maladie de mon père, chez qui l'on avait diagnostiqué une rare affection cérébrale dégénérative. Mon père avait retrouvé une vie étonnamment normale vu le pronostic, et les médecins avaient revu leur diagnostic dans une perspective plus optimiste.

Pendant notre conversation téléphonique, je demandai à Susan si à son avis il pouvait y avoir un rapport entre son angoisse au sujet de David et toutes les émotions qui s'étaient trouvé réveillées lors de notre voyage à Phoenix. Intellectuellement, elle comprit parfaitement ce que je voulais dire ; en revanche, elle eut du mal à faire le rapport avec David puisqu'avec lui, il n'y avait aucune relation de sang. Il est fréquent que nous ayons du mal à apprécier l'influence profonde qu'exercent les événements qui affectent notre famille, et la réaction qu'ils suscitent chez nous, sur nos rapports sentimentaux présents ou futurs.

Peu de temps après, Susan vint passer un week-end prolongé à Topeka et décida de profiter de son séjour pour consulter un thérapeute spécialisé dans les systèmes familiaux. A l'issue de la consultation, elle était capable d'apprécier à sa juste valeur le lien qui existait entre les récentes inquiétudes de santé qui avaient affecté notre famille et son angoisse par rapport à David. Le simple fait de *réfléchir* à ce lien permit à Susan de dédramatiser le problème de David, et de réfléchir plus calmement et plus objectivement à sa situation.

Susan fut également confrontée au schéma relationnel dans lequel elle se trouvait bloquée : elle voulait se rapprocher de quelqu'un qui, au contraire, avait tendance à s'éloigner. Tout se passait *comme si* 100 % du problème de la vie commune, avec ses ambiguïtés et ses angoisses, était du ressort du David, *comme si* Susan, à 100 %, était prête à tout — aucun problème, uniquement le style de décoration de l'appartement. De telles polarisations sont relativement fréquentes : elles déforment l'expérience que nous avons de nous-mêmes et de l'autre, et provoquent un blocage de la relation.

Susan finit par convenir qu'elle consacrait trop d'énergie à sa relation avec David, au point qu'elle négligeait son travail et ses objectifs de carrière. D'un côté, cette concentration était normale puisque pour Susan, le succès de la relation était prioritaire. De l'autre, il est évident que *se concentrer exclusivement sur une relation aux dépens de ses propres objectifs et de ses propres projets de vie fait peser une surcharge sur la relation en question.* — pour travailler sur son rapport avec David, Susan devait travailler sur sa propre personne. Cette conclusion en forme de proverbe — « Aide-toi, le ciel t'aidera » — est valable dans bien des cas.

Concevoir un plan

Pour résoudre un problème, il faut, certes, une bonne dose de lucidité et de compréhension, mais cela ne suffit pas. Pour Susan, le défi suivant était de traduire en action ce qu'elle avait appris. Que pouvait-elle modifier dans son comportement à son retour chez elle pour diminuer son angoisse et rétablir avec David une relation plus sereine et plus équilibrée ? Avant de quitter Topeka, Susan conçut un plan. A chaque fois qu'on est très angoissé, il est salutaire de pouvoir recourir à un plan bien clair fondé non pas sur la réactivité ou un besoin réflexe de « faire quelque chose » (n'importe quoi, mais quelque chose !), mais sur la réflexion et la compréhension du problème.

Briser le cycle infernal rapprochement-éloignement

Voici comment Susan se comporta à son retour. Elle commença par confier à David ce à quoi elle avait pensé pendant leur séparation et par lui dire qu'elle comprenait mieux son propre comportement. « J'ai enfin compris que l'angoisse que j'éprouvais en pensant à notre relation et à notre hypothétique vie à deux était moins liée à toi et à notre relation qu'à mon angoisse à propos d'autres problèmes. » Elle décrivit ces problèmes à David — problèmes familiaux, inquiétudes de santé, peur du deuil. David comprenait — et se sentait visiblement soulagé.

Susan lui dit également qu'elle était peut-être en train de l'accuser d'exprimer à lui seul l'ambiguïté de leur relation, ce qui était injuste. Elle rappela à David que son propre passé sentimental était tel qu'il n'était guère étonnant qu'elle ait peur de s'engager, mais qu'elle avait cru trouver la solution en se concentrant sur *son* problème à lui et *son* souhait de retarder la décision.

Ce fut cette conversation qui fut le plus dur pour Susan, car lorsque nous nous trouvons dans une telle situation, celui qui cherche le rapprochement est persuadé qu'il ne veut *que* davantage de proximité, et celui qui s'éloigne est persuadé qu'il ne veut *que* davantage de distance. Bien souvent, dans une telle situation, il faut attendre que le cycle soit rompu pour que chacun se rende compte que les deux personnes voulaient à la fois de la proximité et de l'éloignement.

Pour terminer, Susan dit à David qu'elle avait négligé ses projets professionnels et qu'il fallait qu'elle y consacre plus de temps. « Au lieu d'aller te voir ce week-end », dit-elle, « je vais rester chez moi pour travailler. » Pour la première fois depuis un bon moment, Susan était redevenue celle qui recherchait la distance, et ceci *non pas de façon irritée, réactive, mais dans un processus d'auto-protection.* Evidemment, quand elle se mit à s'occuper de son travail, Susan commença à éprouver des angoisses car, effectivement, elle l'avait négligé.

Tous ces changements furent efficaces dans la mesure où ils aidèrent Susan à briser le cycle qui lui causait de l'angoisse. Mais il faut savoir que lorsqu'on est dans la peau de celui qui recherche le rapprochement, de tels comportements deviennent excessivement difficiles à adopter et à conserver. En effet, la recherche du rapprochement est souvent une réaction réflexe à l'angoisse. Si tel est notre mode de réaction, au début de nos efforts, nos angoisses seront encore *plus* grandes.

Alors, où puiser la motivation et le courage nécessaires pour garder le cap ? Comme l'explique un de mes collègues, nous devons comprendre que nos anciens comportements ne fonctionnent pas.

Retour aux sources

Avant son départ, elle conçut un autre projet destiné à apaiser la relation avec David. Elle décida qu'à chaque fois qu'elle sentGérardit resurgir ses anciens comportements, elle penserait à écrire une lettre à notre père, ou bien à téléphoner chez nous. A première vue, cela semble un peu tiré par les cheveux, et pourtant c'est parfaitement logique. En effet, si Susan jugulait ses angoisses familiales en prenant de la distance, elle était susceptible de déclencher une crise avec David. Si elle était capable de retrouver le lien avec *la véritable source de son angoisse*, alors, même si sa peur au sujet de la santé de mon père devenait plus aiguë, son angoisse cesserait de peser sur sa relation avec David. En outre, il faut savoir que si l'on apprend à garder le contact avec sa famille et à travailler sur la véritable source de nos émotions, cela nous aidera à construire ultérieurement des relations intimes solides.

Bien sûr, c'est un défi que de rester lié à sa famille et de travailler sur ces relations-là, un défi qui exige du temps et de l'énergie. Ce travail n'a pour limites que nos propres motivations. Si Susan avait suivi une thérapie, elle aurait peut-être choisi de poursuivre et d'approfondir ce travail. Mais un petit pas peut nous mener loin. Dans le cas de Susan, le contact avec la famille contribua à diminuer sa réactivité vis-à-vis des méfiances et de la distance de David. Ainsi, elle devint capable de modifier ses réflexes et son schéma de fonctionnement.

Postcriptum
Ceux qui ne savent pas ce qu'ils veulent

Que faire si *notre* partenaire ne veut pas s'engager ? Que faire s'il n'est pas prêt au mariage, pas prêt à abandonner une relation, pas sûr d'être amoureux ? Peut-être sera-t-il (elle) prêt dans deux ans — ou dans vingt ans. L'histoire de Susan implique-t-elle que nous devions attendre indéfiniment, travailler à nos propres problèmes sans jamais affronter les incertitudes de notre partenaire ? Implique-t-elle que nous ne devions jamais prendre position sur la distance que prend notre partenaire ou son refus de s'engager ? Certainement pas ! Lorsque notre partenaire adopte une attitude ambiguë de façon durable, c'est un véritable problème pour nous — à condition bien sûr que nous souhaitions un engagement.

Mais il faut savoir que dans ces cas-là — comme dans bien d'autres —, nous aurons *moins de chances* de réussir si nous sommes dans une situation émotionnelle réactive. Il est prioritaire de parvenir à calmer l'angoisse, car c'est elle qui provoque la réactivité et engendre des situations de polarité (il s'éloigne *toujours*, je me rapproche *toujours*). Bien sûr, l'angoisse est impossible à éliminer purement et simplement de la vie. Nos relations intimes seront toujours surchargées par tout le bagage émotionnel que nous tenons de notre famille, ainsi que par tous les stress plus récents qui nous agressent de toutes parts. Mais plus nous serons attentifs aux multiples sources d'angoisse, plus nous serons capables de gérer calmement et clairement les questions délicates qui nous opposent à notre partenaire.

Avant tout, garder son calme

Voici le cas d'une femme qui fut capable de prendre vis-à-vis d'un partenaire hésitant et ambigu une position claire, aussi dénuée que possible de réactivité et d'angoisse. Elise, vingt-six ans, était agent immobilier. Elle vint me voir pour un problème bien spécifique. Depuis deux ans et demi, elle fréquentait Patrick, un urbaniste qui traînait derrière lui deux mariages catastrophiques et n'arrivait pas à se décider pour un troisième. Elise se rendait compte que plus elle le pressait, plus il s'éloignait, mais ne souhaitait pas entretenir toute sa vie une telle situation. Comment se sortit-elle de là ?

Elise commença par parler à Patrick de leur relation, de façon détendue, sans agressivité. Elle lui confia ses sentiments sur les forces et les faiblesses de leur rapport, ses espoirs d'avenir. Elle lui demanda de faire de même. Contrairement à ce qui s'était produit lors de précédentes conversations, Elise s'abstint de le presser, de le poursuivre ou d'analyser son problème avec les femmes. Dans le même temps, elle lui posa un certain nombre de questions précises qui mirent à jour son indécision.

« Quand sauras-tu que tu *es* prêt à t'engager ? Que faudrait-il faire ou changer pour que tu le deviennes ? »

« Combien de temps te faudra-t-il pour prendre une décision ? »

« Je ne sais pas, répondit-il. Deux ans peut-être, mais vraiment il m'est difficile de te répondre. Comment pourrais-je prédire l'avenir, ou mes propres sentiments ? »

Et ainsi de suite.

Elise était vraiment amoureuse, mais deux ans (et peut-être davantage), c'était vraiment trop long. Après avoir bien réfléchi, elle dit à Patrick qu'elle attendrait jusqu'à l'automne (c'est-à-dire à peu près dix mois) et qu'à ce moment-là, s'il ne s'était pas décidé au mariage, elle le quitterait. Elle lui dit honnêtement qu'elle souhaitait l'épouser et fonder une famille avec lui, tout en restant très claire sur ses priorités, à savoir une relation où chacun serait également engagé. Si Patrick, à l'automne, n'avait pas franchi cette étape, elle mettrait fin à la relation, aussi douloureux que cela soit.

Pendant la période d'attente, Elise se montra capable de *ne pas* exercer de pression, de *ne pas* prendre de distance, de ne pas faire preuve de réactivité face aux réactions ambivalentes de Patrick et à ses doutes. *De la sorte, elle lui laissa l'espace émotionnel nécessaire pour qu'il puisse combattre son dilemme, et elle donna à la relation toutes ses chances de succès.* Sa position claire et simple (« je veux une décision à l'automne ») ne constituait ni une menace, ni une tentative pour piéger Patrick, mais une véritable définition de son identité propre, et une clarification des limites de ce qu'elle pouvait raisonnablement accepter, tant vis-à-vis de la relation que vis-à-vis d'elle-même.

Elise n'aurait pas été capable d'agir ainsi si la relation avait été surchargée par les vestiges de son passé et de son vécu actuel dont elle n'aurait pas été consciente. Pendant la période d'attente, elle consacra toute son énergie émotionnelle à la résolution de ses propres problèmes, à savoir, entre autres choses, sa colère vis-à-vis de son père disparu, à qui elle en avait voulu parce qu'il n'était pas disponible pour elle, et sa tendance conséquente à choisir des partenaires difficiles au passé sentimental marqué par l'échec. Bien sûr, il ne suffit pas de travailler dur pour que les choses se passent comme nous le souhaitons. En effet, si David et ma sœur vivent aujourd'hui fort bien ensemble, l'histoire de Elise a connu une fin bien différente.

A l'automne, Patrick dit à Elise qu'il lui fallait six mois de plus pour se décider. Elise réfléchit un moment et décida qu'elle pouvait accepter ce nouveau délai. Mais au bout des six mois, Patrick n'était toujours pas décidé et demanda une nouvelle échéance. Alors, Elise prit la douloureuse décision de mettre fin à la relation.

L'angoisse, d'où vient-elle ?

L'angoisse. Nous savons combien elle influe sur toute notre vie, de notre système immunitaire à nos relations avec nos proches. Comment identifier les principales sources d'angoisse et d'intensité émotionnelle ?

Parfois, elles sont clairement visibles. Evénement pénible, changement négatif ou même positif : tout cela peut peser sur une relation. Et si nous sommes incapables de les repérer nous-mêmes, les autres peuvent le faire à notre place (« Ça ne m'étonne pas que ça n'aille pas avec Jacques — vous avez emménagé dans une ville étrangère il y a tout juste un an : cela nécessite une période d'adaptation difficile »).

Il arrive que nous ayons l'intuition de l'effet stressant d'un événement ou d'un changement donné, mais que ne nous ne soyions pas capables d'en *mesurer l'impact exact*. Par exemple, il nous arrive de sous-estimer l'influence émotionnelle des transitions importantes — une naissance, un enfant qui quitte la maison, un diplôme, un mariage, un changement d'emploi, une promotion, la retraite, la maladie d'un parent — parce qu'il s'agit de choses « normales » qui arrivent à tout le monde. Pour les autres, nous avons même l'impression que ces choses-là passent inaperçues. Et pourtant, ces choses « normales », quand elles impliquent des changements, affectent profondément nos liens les plus intimes.

Parfois aussi, nous ne faisons *pas* le lien entre l'angoisse qui nous vient de la source A et le blocage de la relation B ; nous minimisons ou nous ignorons les événements clés qui provoquent des réactions intenses dans un domaine différent. Par exemple, ma sœur ne se rendait pas compte que sa situation avec David était engendrée par les émotions provoquées par son séjour en famille, et pourtant les deux événements se suivaient immédiatement dans le temps. Bien souvent, notre concentration bornée sur un problème donné dans une relation donnée nous masque le champ émotionnel beaucoup plus vaste de notre vie.

Notre champ émotionnel

Aline se trouvait dans la situation suivante : éperdument amoureuse d'un homme marié, Gérard, elle se montrait extrêmement vulnérable aux hauts et aux bas de la relation, accentués par l'attitude alternativement enthousiaste et distante de Gérard. Aline était tellement perturbée par l'intensité de ses sentiments qu'elle vint me voir pour entamer une psychothérapie.

Selon elle, « rien d'autre ne se passait dans sa vie » au moment où sa relation avec Gérard devint problématique.Elle était persuadée que le début de la liaison avait eu lieu dans un contexte émotionnel parfaitement calme. Mais quand je l'interrogeai de façon serrée, j'appris que la passion de Aline pour Gérard s'était déclenchée peu après la mort de sa grand-mère maternelle. Cette dernière n'avait jamais été très proche de Aline, aussi elle jugeait que sa disparition n'avait pas une importance émotionnelle considérable.

Et pourtant... La mère de Aline, veuve, avait été extrêmement proche de la grand-mère. Toutes deux passaient beaucoup de temps ensemble. Chez Aline, la mort de la grand-mère souleva de complexes questions concernant le bonheur de sa maman. Cela lui fit comprendre que c'était à elle, maintenant, de remplir le vide qu'avait laissé la mort de sa grand-mère. Cela réveilla aussi de fortes émotions liées à la mort de son père. Aline comprit ainsi que l'éloignement par rapport à certains membres de la famille ne pouvait en aucun cas constituer une protection contre d'intenses réactions émotionnelles lors de leur disparition.

L'émotion cachée engendrée par la mort de la grand-mère avait créé un champ d'angoisse dans lequel avait germé l'attachement douloureux de Aline pour Gérard. Sa réactivité face à chaque mouvement de Gérard était devenue optimale. Et pourtant, pour Aline, « il n'y avait rien d'autre » au démarrage de cette tumultueuse liaison.

Parfois, la source d'angoisse ou d'intensité qui alimente un problème relationnel est à rechercher dans un passé lointain — inceste, deuil d'enfance, tout autre grave événement de notre vie familiale qui n'a jamais été résolu ou dépassé. Le traumatisme, ou le problème familial qu'il ne fallait surtout pas évoquer, peut dater d'il y a cinq ans… ou d'il y a cinquante-cinq ans. Parfois, le lien est facile à établir (« Je sais bien que mon problème relationel avec Jean est lié aux agressions sexuelles dont j'ai été victime. »). Mais il arrive qu'au contraire nous soyons dans l'incapacité complète de l'établir.

Louise et Françoise sont sœurs. Toutes deux ont presque la cinquantaine, et ne se sont pour ainsi dire pas parlé depuis la mort de leur mère, il y a six ans. Louise reproche à Françoise de n'avoir pas été assez présente au moment où leur mère avait besoin d'elle ; Françoise pense que Louise a pris des décisions au sujet de sa mère sans la consulter. Les deux sœurs sont bloquées dans un schéma relationnel de rancœur, et se dirigent vers une séparation totale qui a de fortes chances d'avoir des répercussions sur les générations futures. Chacune d'entre elles rejette sur l'autre les responsabilités de la situation. Ni l'une ni l'autre n'est consciente que l'intensité de leur relation (d'abord abordée en termes de disputes, puis d'éloignement) trouve sa source dans la forte angoisse qui a entouré la maladie, puis la mort de leur mère.

En conservant leur attitude de colère et de distance, Louise et Françoise se protègent de la pleine intensité de leur douleur, à laquelle elles seraient confrontées de plein fouet si elles se réconciliaient et se rapprochaient. La situation protège en outre Louise de sa propre colère *envers sa mère*, qui a laissé à Françoise plus de la moitié de l'héritage parce que le mari de Louise a de l'argent. Cette situation bloquée les empêche de faire un vrai deuil de leur mère, d'affronter le problème de l'héritage et de réaffirmer le lien fondamental qui les unit en tant que sœurs.

Six ans après avoir perdu leur mère, Louise et Françoise n'ont pas encore pu se débarrasser de leur réactivité l'une par rapport à l'autre. Peut-être, dans l'avenir, une nouvelle crise ou une autre expérience fondamentale leur permettra-t-elle, à l'une ou à l'autre, de faire le premier pas vers l'union. Si cela se produit, ce sera un acte de changement et de courage.

Les dates anniversaires

Nos relations les plus importantes sont des paratonnerres qui absorbent les tensions et les angoisses, d'où qu'elles proviennent. *Les dates anniversaires, immanquablement, font ressurgir les angoisses, que nous en soyons conscients ou non.* Ma quatrième décennie est pour moi un défi, car c'est à cet -âge-là que ma mère a fait l'objet du premier diagnostic de cancer. En outre, sa mère est morte à l'âge de quarante-quatre ans. Ma cinquantaine sera sans doute plus facile ! Si, quand vous aviez six ans, votre famille a traversé une crise grave, soyez sûre que lorsque votre enfant aura six ans et quand vous atteindrez l'âge que votre mère avait au moment de la crise, vous passerez par une période d'angoisse.

Ce qui ne signifie pas que nous nous *sentirons* plus angoissés à la date anniversaire. Quand votre fille aura ses neuf ans, l'âge que vous aviez au moment du divorce de vos parents, vous n'y penserez peut-être même pas. Mais comme par hasard, vous aurez des reproches à faire à votre mari, vous vous sentirez plus fragile, moins en sécurité. Ou bien vous constaterez qu'une distance s'établit entre votre fille et vous — ou encore que tous les jours il se produit une dispute à propos de ses habitudes scolaires ou de ses fréquentations.

Ce qui se produit le plus fréquemment aux dates anniversaire, ce sont les *retombées* de l'angoisse, c'est-à-dire ces réactions classiques qu'ont les gens stressés, une rigidification et une polarisation dans les relations. Certaines personnes *parviennent* à établir le lien (« J'ai remarqué que depuis que j'approche l'âge qu'avait ma mère au moment de sa dépression, j'ai envie de quitter Paul. »). La plupart ne remarquent rien. Au lieu de cela, nous adoptons un comportement réactif vis-à-vis des personnes et des situations ; c'est alors que nos relations prennent un tournant dangereux. Notre patron critique notre travail, et cela nous plonge dans un abîme de dépression. Notre petit ami a envie de prendre un peu l'air, et cela nous affole. Nous sommes tout simplement plus vulnérables, plus sensibles et plus promptes à des réactions automatiques et intenses, quelle qu'en soit la source.

Bien sûr, tout cela n'est pas nouveau. Nous savons tous qu'il existe de multiples sources de stress qui influencent une relation donnée à un moment donné. Et bien sûr, nous sommes conscients du fait que les angoisses et les problèmes non résolus de notre vie familiale d'autrefois ont des répercussions sur notre vie d'aujourd'hui. Mais être capable de *réfléchir* à ces sources d'angoisse constitue un véritable défi. Quant à *travailler* sur ces problèmes, c'est plus difficile encore.

Quel est le problème ?

Presque tous, nous confondons les *conséquences* d'une forte angoisse avec le véritable problème. Par exemple, au moment de la maladie de ma mère, c'est moi qu'on considérait comme le problème, c'est pourquoi on m'inscrivit en thérapie. Mais l'angoisse aurait tout aussi bien pu être gérée par une bagarre conjugale ou un éloignement, auquel cas on aurait diagnostiqué le problème comme étant de nature conjugale. Dans une famille différente, le père aurait tout aussi bien pu tâter de la bouteille ou la mère souffrir d'une forte dépression, et les autres membres de la famille auraient pu s'organiser autour de la situation de façon tout à fait inefficace.

Quand l'angoisse submerge une famille et dépasse son seuil de tolérance, on recourt à la thérapie et on identifie le problème, généralement, sous trois catégories différentes :

1. *L'enfant :* c'est l'enfant qui constitue le problème, et l'on affirme que tout le reste va bien.
2. *Mésentente ou éloignement conjugal :* le problème, c'est le couple.
3. *L'un des époux présente des symptômes troublants :* l'un d'entre eux sous-fonctionne, par exemple.

Quand on a cru identifier le problème et qu'on a incriminé *une* personne ou *une* relation, les autres problèmes deviennent invisibles. Par exemple, si ma sœur avait considéré que le véritable problème était l'éloignement de David ou son propre désir de rapprochement, elle aurait commis une erreur. D'un côté, il était utile qu'elle observe et modifie le rôle qu'elle jouait dans le schéma relationnel de chassé-croisé qui s'était instauré et qui la faisait souffrir. Dans ce sens, le problème, c'était le *schéma*.. D'un autre côté, il fallait aussi qu'elle élargisse le champ et qu'elle perçoive les autres sources d'angoisse qui alimentaient sa réactivité.

Il n'est pas facile d'acquérir un sens de la perspective. Tout naturellement, nous souhaitons nous concentrer sur ce qui nous fait souffrir, sans nous préoccuper des autres zones émotionnelles. Par exemple, lorsque nous amenons un enfant en thérapie, nous voulons que le traitement se concentre sur l'enfant. Notre préoccupation envers l'enfant est parfaitement authentique, mais la dernière chose dont nous ayons envie, c'est d'examiner notre propre réactivité vis-à-vis du père de l'enfant ou de sa belle-mère, ou bien notre propre relation avec notre mère.

Nous voulons nous concentrer sur ce qui nous préoccupe au premier chef. Et plus l'angoisse est forte, plus nos œillères sont opaques, plus notre sensibilité à la douleur est grande. Comme nous allons le voir dans le chapitre suivant, il est impossible de travailler de façon satisfaisante sur nos problèmes d'intimité si nous nous concentrons étroitement sur une seule relation ou sur une définition monolithique de ce qu'est « le problème ».

5

De la distance, encore de la distance

Adrienne vint me voir car elle avait un problème de couple sur lequel elle souhaitait travailler. Voici comment elle résuma la situation : « Frank et moi, cela allait très bien les premières années. Mais après la naissance de notre second bébé, nous avons commencé à nous disputer. Quand nous en avons eu assez de ces disputes, nous avons commencé à nous éloigner l'un de l'autre et cessé toute relation. En fait, c'est comme si nous partagions l'appartement. Quand j'ai découvert qu'il avait une liaison, j'ai été effondrée, et pourtant je n'aurais pas dû être étonnée. Moi aussi, j'avais des vues sur un autre homme, même si je n'agissais pas. »

Si elle n'avait pas découvert, avec toute la peine que cela impliquait, l'existence de la maîtresse de son mari, Adrienne ne serait peut-être pas venue me voir. « Je savais que nous avions perdu toute intimité, aussi bien physiquement qu'émotionnellement, m'expliqua-t-elle, mais cela ne me gênait pas outre mesure. Peut-être niais-je le problème, mais je pensais que c'était normal. Je connais beaucoup de couples qui perdent toute intimité après la naissance des enfants. De temps en temps, cet éloignement me préoccupait, mais en même temps je ne le prenais pas au sérieux. En fait, je m'y étais habituée. »

Au début de ses visites, Adrienne présentait l'éloignement comme le problème principal de son couple. Avant cela, elle pensait que le problème, c'était les disputes conjugales. En réalité, ni l'éloignement ni les disputes ne constituent le véritable problème d'un couple. Il s'agit de deux modes de gestion d'une angoisse qui mine la relation.

Avec le temps et les stress inévitables que la vie engendre, même les couples les plus unis connaissent des périodes de conflit réactif. La réaction de type dispute-ou-fuite existe dans toutes les espèces, y compris l'espèce humaine. Mais *l'importance* de la crise relationnelle dépend de deux facteurs. Le premier est la quantité de stress et d'angoisse provenant de sources diverses, passées et actuelles, qui pèse sur la relation. Le second est *la quantité de notre personnalité* que nous investissons dans la relation. Tant que nous n'avons pas réussi à nous forger une identité claire et forte au sein de notre famille d'origine, nous courons le risque de nous faire avaler par la force d'union qui caractérise nos relations. L'éloignement ou le conflit est une réaction presque instinctive à l'angoisse de la *fusion*, cette forme d'union qui provoque parfois la perte de l'identité.

Notre façon de vivre nos problèmes est liée à notre mode de gestion de l'angoisse et aux « danses » relationnelles dans lesquelles nous sommes coincés. L'histoire d'Adrienne va nous permettre d'examiner en détail un mode de gestion de l'angoisse fort courant, et qui peut, à long terme, nous mener à bien des troubles dans nos relations importantes : *la distanciation et la coupure émotionnelles.*

La distanciation : problème ou solution ?

Qu'est-ce qu'une relation distante ? La description qu'Adrienne donne de son couple avec Frank est un bon exemple. A l'époque où elle a découvert la liaison de son mari, les disputes étaient rares ; mais en même temps, ils n'étaient guère proches l'un de l'autre et partageaient rarement réflexions, sentiments et expériences. Plutôt que d'affronter directement ce problème d'éloignement, tous deux le contournaient en dirigeant leur énergie émotionnelle vers un élément extérieur. Frank avait une liaison, et Adrienne, même si elle n'avait pas d'amant, lorgnait sur un autre homme.

En un sens, la liaison de Frank — et les rêveries d'Adrienne — ont servi à protéger leur couple. L'intérêt érotique d'Adrienne pour un autre homme a fait en sorte qu'elle n'est pas allée au bout de son insatisfaction avec Frank, et que les véritables problèmes sont restés enfouis. Plus tard, quand nous examinerons les délicats problèmes des triangles, nous verrons comment les tiers *servent* à stabiliser les relations et à camoufler les problèmes. Bien sûr, la solution est aussi le problème. Adrienne et Frank se retrouvèrent dans une situation d'isolement tellement insupportable, une relation qui ressemblait tellement à une coquille vide, qu'il fallut une véritable crise — la découverte par Adrienne de la liaison de Frank — pour qu'elle commence à examiner sérieusement son couple et sa vie dans son ensemble.

La plupart d'entre nous recourons à une certaine forme d'éloignement. Il s'agit là d'un mode de gestion de l'intensité émotionnelle assez primaire, que nous utilisons dans nos relations les plus importantes, familiales y compris. Par exemple, il peut arriver que pour éviter d'affronter les difficultés provoquées par un contact trop proche avec nos parents ou d'autres membres de la famille, nous décidions de déménager dans une autre ville, ou même dans un autre pays. Ou bien nous continuons à habiter la maison familiale mais nous éloignons émotionnellement en veillant à ce que les conversations demeurent superficielles, en partageant peu de notre vie intime ou en évitant complètement certains sujets. Il arrive même que nous ne parlions jamais à un de nos frères et sœurs, sauf si nous le rencontrons lors d'une réunion de famille.

La distanciation émotionnelle est parfois une première réaction essentielle qui sert à préserver notre bien-être émotionnel, ou même notre survie. Tous, nous savons d'expérience ou par ouï-dire qu'une relation peut devenir tellement intense émotionnellement que la seule réaction salutaire est de prendre le large. Et si nous courons un risque d'agression ou de violence, la seule solution est de s'éloigner pour nous assurer que nous ne souffrirons pas.

L'éloignement est une manière efficace de gérer l'intensité lorsqu'il sert à nous arracher à une situation de forte réactivité et nous permet de nous calmer suffisamment pour réfléchir, planifier et générer de nouvelles options de comportement. Souvent, néanmoins, la distance et la séparation nous servent à fuir définitivement (émotionnellement ou physiquement) une relation importante, sans jamais résoudre les véritables problèmes ni poser les bonnes questions. Peut-être qu'à court terme cette solution est la plus facile et la moins douloureuse — mais toutes les questions irrésolues et demeurées ignorées risquent de nous poser des problèmes au cours de nos relations ou de nos entreprises ultérieures. Comme d'habitude, ce soulagement à court terme est un danger à long terme.

Dans le couple d'Adrienne, l'éloignement avait pris des proportions considérables. Simultanément, néanmoins, les triangles (la liaison de Frank et le flirt d'Adrienne) avaient stabilisé le mariage, si bien qu'aucun des partenaires n'exigeait de changement — tant que tout resta secret, car après, il fallut bien affronter les problèmes.

Le champ émotionnel, encore et toujours

Tous, sans exceptions, nous éprouvons des difficultés avec l'intimité.Dans ce domaine, nous avançons ou nous reculons. Pourquoi Adrienne recula-t-elle, et pourquoi la distance prit-elle une telle proportion dans son couple ?

Selon elle, les problèmes conjugaux « surgirent » après la naissance de Denis, leur second fils. Mais dans une relation, les conflits ne « surgissent » pas comme cela ; on ne sombre pas sans raison dans une situation de conflit permanent ou d'indifférence totale. Quel était le contexte émotionnel des difficultés d'Adrienne et de Frank ? Que se passait-il à ce moment ? « Rien de grave », si l'on en croit Adrienne. Mais après avoir examiné la question de près, il s'avéra qu'en réalité, « rien de grave » était beaucoup plus grave que cela.

Adrienne avait bien remarqué que les tensions conjugales avaient commencé après la naissance du second fils, mais elle n'avait pas fait le lien entre les deux événements. Et poutant, ce lien existait bel et bien. Toute nouvelle naissance provoque dans un couple un stress supplémentaire ; dans ce cas particulier, le cas d'un second fils était bien spécial. *Dans chacune des familles d'Adrienne et de Frank, les « seconds fils » avaient une histoire.*

Dans la famille d'Adrienne, le deuxième fils, Grégoire, était attardé et avait été placé dans une institution à l'âge de trois ans. Quand Adrienne commença sa thérapie, elle n'était pas allée voir son jeune frère depuis onze ans, affirmant que « c'était inutile, puisqu'il ne reconnaissait personne ». Dans la famille de Frank, le deuxième fils, le cadet, était l'enfant à problème, un peu la brebis galeuse. Connaissant ces circonstances, la venue d'un second fils au sein du couple Adrienne-Frank devait fatalement faire resurgir des angoisses et des préoccupations enfouies depuis longtemps.

Pendant la première année de Denis, on diagnostiqua chez le père d'Adrienne un cancer de l'estomac, à un stade avancé. Adrienne fut terriblement ébranlée par cette nouvelle, mais elle géra son angoisse en s'éloignant de son père. Elle ne diminua pas la fréquence des contacts, mais toute communication relative à la maladie et à ses réactions envers la situation passait par sa mère, qui pensait qu'il fallait protéger le père et ne rien lui dire. A ma première rencontre avec Adrienne, son père avait atteint le stade terminal de sa maladie, et elle ne lui avait encore jamais parlé du cancer, jamais elle ne lui avait fait comprendre à quel point elle l'aimait.

A l'époque de l'intensificatin de ses problèmes conjugaux, Adrienne se débattait également dans des conflits professionnels. A la naissance de Denis, Frank avait géré son angoisse en faisant des heures supplémentaires, et en s'éloignant de sa famille. Superficiellement, Adrienne lui reprocha son absence, mais en réalité, elle lui enviait cette latitude qu'il avait de se réfugier dans ses projets professionnels. Elle, en revanche, était de plus en plus insatisfaite de son emploi de technicienne de laboratoire, mais se montrait incapable de prendre une quelconque décision ou de déterminer ce qu'elle voulait faire. En entreprenant avec un collègue une relation de flirt extrêmement poussée, Adrienne mit en sourdine ses préoccupations professionnelles et contribua ainsi à stabiliser le bateau conjugal — et pendant ce temps, la distance entre Adrienne et Frank se faisait de plus en plus infranchissable.

Pour Adrienne, reconnaître le stress dont elle souffrait depuis la naissance de son second fils et être capable d'identifier plus clairement les événements clés qui contribuèrent à alimenter le phénomène de distanciation du couple constitua une étape décisive. Ces événéments clés étaient les suivants :

- la naissance d'un nouveau bébé, Denis, qui éveilla inconsciemment chez Adrienne des sentiments concernant son propre frère attardé et sa place dans la famille,
- le diagnostic de la maladie fatale de son père,

- ses problèmes professionnels et sa difficulté à formuler des objectifs personnels.

Cela la rassura de comprendre qu'en cas de stress ou de forte angoisse durables, l'éloignement conjugal et les conflits étaient des modes d'expression relativement courants.

De la compréhension à l'action

Adrienne commença à examiner objectivement et de très près le fonctionnement de ses relations importantes en situation de stress. C'est ainsi qu'elle s'aperçut que l'éloignement était un comportement courant, chez elle et les autres membres de sa famille. C'était en réalité sa réaction de prédilection en cas de stress, surtout avec les hommes. Dans sa famille, sa relation avec les deux hommes les plus importants — son père et son frère attardé — avait toujours été distante. Il y avait toujours la mère au milieu, qui se chargeait de transmettre les informations entre les deux parties. Grâce à la thérapie, Adrienne commença à comprendre qu'il existait un certain rapport entre son éloignement des hommes dans sa famille d'origine et l'éloignement dramatique qui caractérisait son couple.

Ce serait magnifique si la compréhension menait automatiquement au changement. Malheureusement, ce n'est pas le cas. Comprendre les racines d'un problème, ce n'est pas apprendre à le résoudre.

Au fur et à mesure qu'Adrienne, en cours de thérapie, acquérait des informations sur elle-même, elle essayait de se comporter différemment dans son couple, de conquérir un niveau d'intimité plus important. Certains de ces comportements furent d'ailleurs, à long terme, efficaces. Par exemple, elle dit à Frank que la psychothérapie l'aidait à prendre conscience du rôle *qu'elle* jouait dans la distance qui les séparait, et qu'elle essayait de changer. Elle affirma également que la liaison de son mari lui était insupportable et qu'il lui faudrait y mettre un terme s'il voulait qu'elle reste. Ce qu'il fit.

Mais de tous les efforts que fit Adrienne pour forcer le rapprochement, beaucoup ne firent que le rendre plus difficile encore. L'intimité devint son objectif premier, elle en fit son sujet de discussion principal avec Frank et l'enjoignit de l'accompagner dans ses efforts. Plus elle le poursuivait, plus elle se polarisait sur son indifférence, son manque d'intérêt et d'attention, plus Frank s'éloignait. Et plus il s'éloignait, plus elle le poursuivait.

Qu'arriva-t-il quand Adrienne fut capable de briser le cycle ? Elle y parvint en désintensifiant son attention critique envers Frank et en lui laissant davantage d'espace, sans pour autant retrouver son ancienne attitude de retrait et de froideur. Frank réagit en faisant quelques pas timides vers elle. A ce stade, néanmoins, Adrienne réagit de façon négative — elle voulait qu'on la laisse tranquille. « Pour être parfaitement honnête, me dit-elle, il est peut-être trop tard. Peut-être aussi qu'en réalité je n'ai pas vraiment envie d'être proche de lui. Mais je ne veux pas perdre mon mariage. »

Petit à petit, Adrienne comprit sa propre répugnance envers l'intimité, ce qui l'aida à se rendre compte qu'il fallait qu'elle modifie ses relations familiales avant de pouvoir changer de comportement dans son couple. Cela lui donna le courage de revenir vers sa famille. En effet, si elle persistait à se couper des éléments masculins de sa famille, son mariage resterait chargé d'angoisse, et elle continuerait à y réagir par l'éloignement ou le conflit.

« Papa, tu vas me manquer, tu sais. »

Comment Adrienne fit-elle pour se rapprocher de sa famille ? Elle commença par faire un gros effort pour entreprendre une relation directe avec son père au sujet de sa maladie, plutôt que de se contenter de ce qu'en disait sa mère. Le schéma se présentait ainsi : Adrienne, à chaque fois qu'elle allait voir son père, commençait par demander : « Comment ça va ? », ce à quoi il répondait de façon superficielle (« Toujours pareil ») ou par une plaisanterie quelque peu lourde de sous-entendus (« Les médecins me disent que je vais tellement bien qu'à tout instant, je pourrais y passer »). Alors Adrienne changeait de sujet et ils parlaient de la pluie et du beau temps, ou bien des enfants.

Adrienne accomplit un progrès appréciable le jour où elle fut capable de passer outre la distance de son père (qui représentait son effort *à lui* d'offrir à Adrienne la protection dont à son avis *elle* avait besoin) et de lui demander directement : « Papa, que disent les médecins ? J'aimerais bien que tu m'en parles. » Quand il répondit à sa façon habituelle, superficielle et vague, elle lui fit comprendre clairement que bien que ce cancer — et la conscience de sa mort imminente — lui causât de la peine, elle irait beaucoup mieux si elle se sentait tenue au courant. Son père lui répondit : « Mais ta mère te tient au courant. » Adrienne rétorqua : « C'est vrai, papa, mais j'aimerais que toi, tu m'en parles. » Cette courte conversation représentait un pas considérable pour Adrienne : elle apprenait à affronter directement la mort imminente de son père. C'était aussi la première fois que le mot « cancer » était utilisé par un membre de la famille en présence du père. Au début, il réagit de façon maladroite, mais finit par se montrer soulagé et plus ouvert.

Bien sûr, il arriva que le père d'Adrienne n'ait pas envie de parler de sa maladie, et Adrienne sut le comprendre. En effet, il n'est pas très charitable de pousser quelqu'un à parler d'un sujet donné uniquement parce que *nous* pensons que cela est nécessaire. Mais bien souvent, nous confondons la sensibilité avec une angoisse de protection qui provoque dans les familles un blocage de la communication parce que chacun suppose que *l'autre* n'a pas envie d'en entendre parler ou n'est pas capable de le supporter.

Au début, Adrienne était convaincue que son père avait délibérément choisi de ne pas parler de son état désespéré (« Il ne peut pas le supporter ») et qu'il aurait été indécent d'aborder le sujet. Cette idée fut renforcée par la mère, qui affirmait sans cesse que le père d'Adrienne « ne pouvait pas affronter la réalité ». *Mais Adrienne n'avait jamais pris la peine de poser elle-même à son père les questions qui auraient prouvé à ce dernier qu'elle voulait maintenir la communication.* Adrienne fit preuve de beaucoup de courage quand elle commença à poser des questions à son père.

Quel style de questions ? Des questions qui faisaient comprendre à son père qu'elle s'intéressait à l'évolution de la maladie et à l'opinion des médecins (« As-tu eu les résultats des examens ? » « Que pense ton médecin de l'évolution de la maladie ? »), ainsi qu'à celle de son père lui-même. (« Tu es d'accord avec les médecins ou bien ton opinion est différente ? » « Comment ressens-tu l'évolution de la maladie ? »).

Grâce à ses questions et à l'expression de ses propres réactions, Adrienne montra à son père qu'*elle* voulait vraiment savoir. Ce dernier finit par apprécier l'occasion qui lui était ainsi offerte de parler de sa situation désespérée. Une semaine avant sa mort, il lui exposa sa

« philosophie de la mort », et ils pleurèrent ensemble. Cette même semaine, Adrienne me dit : « Ce n'était pas des larmes de désespoir, mais des larmes d'émotion. »

Donc, Adrienne consacra son énergie émotionnelle à se rapprocher de sa famille au moment de la mort imminente du père. Elle en éprouva beaucoup de tristesse, mais elle comprit aussi qu'elle avait enlevé un peu du poids qui pesait sur son couple. Elle se préoccupa moins du manque d'intimité, et, paradoxalement, elle se montra plus à la hauteur du problème. En libérant son couple de la surcharge émotionnelle que représentait le processus de deuil, Adrienne devint capable de partager avec Frank ses émotions face à la mort de son père. Elle put se concentrer sur sa façon d'affronter *ses* propres problèmes, et non plus sur les réactions de Frank face à ses aveux. Résultat : Frank et Adrienne partagèrent davantage de moments d'intimité.

« Pour moi, mon frère ne représente rien. »

Dans la vie familiale d'Adrienne, le plus gros problème d'éloignement se posait avec son frère Grégoire. Elle qualifiait la relation de « non-relation » et faisait de son mieux pour effacer son frère de son esprit. Mais il est impossible d'avoir une « non-relation » avec un parent ou un frère. La distance et la séparation ne font qu'enfouir l'intensité, qui de toute façon resurgit ailleurs.

Très longtemps, au cours de sa thérapie, Adrienne ne pouvait même pas *penser* à son frère, et encore moins envisager l'idée d'une visite à l'institution où il vivait. Chaque fois que je lui posais une simple question à son propos, ou à propos de l'influence de son état et de son internement sur la vie de famille, Adrienne donnait la même réponse prévisible : « Je ne l'ai jamais connu — il est attardé, il est impossible d'avoir une relation avec lui — pour moi, il ne représente rien. »

Adrienne n'avait pas vu Grégoire depuis plus de dix ans, et même avant cela, tout contact était réduit au strict minimum. Son statut de membre « invisible » de la famille n'était pas qu'une apparence. Le fils aîné d'Adrienne, qui avait cinq ans, ne savait même pas que sa mère avait un frère. Frank ne l'avait jamais rencontré, ni vu de photo de lui adulte. Adrienne elle-même n'aurait peut-être pas reconnu Grégoire si elle l'avait croisé dans la rue.

Adrienne parlait de cet éloignement de toujours comme s'il ne reflétait que de l'indifférence (« Je ne vois pas pourquoi je prendrais la peine d'aller le voir. ») Elle n'avait aucune conscience des sentiments cachés qui menaçaient de resurgir si elle faisait le moindre mouvement de rapprochement. « C'est peut-être dur à entendre, disait-il d'une voix blanche, mais pour moi il ne fait pas partie de la famille. »

Très souvent, nous confondons distance et séparation avec une défaillance émotionnelle. Cette confusion est présente tous les jours, même dans les affirmations des psychiatres. La mère qui abandonne son enfant ou s'en va sans laisser d'adresse, le père qui quitte sa famille sans regarder en arrière, le frère qui coupe toute communication avec sa sœur après l'internement psychiatrique de cette dernière ou sa maladie : toutes ces personnes sont traitées de « sans cœur », d' « irresponsables ».

Il est important de comprendre que distance et séparation entre membres d'une même famille n'ont rien à voir avec une absence de sentiment, un manque d'amour ou d'attention. Ce sont des modes de gestion de l'angoisse. Plutôt que de refléter un *manque* de sentiment, ils reflètent une *intensité* de sentiment. Ce sentiment se situe peut-être autour de problèmes brûlants qui ont évolué tout au long des générations et qu'il n'est pas facile de traiter, ni même parfois de mentionner.

Ce ne fut qu'*après* avoir téléphoné à l'institution où son frère était placé et fixé la date du voyage qui l'amènerait pour une visite dans une région éloignée qu'Adrienne comprit le véritable sens du mot intensité. La semaine qui précéda l'événement fut marquée par des insomnies, des cauchemars violents et terrifiants, et une crise d'angoisse littéralement paralysante lors du trajet en bus qui l'amenait à son travail. Pour des raisons qu'elle était incapable d'exprimer clairement, elle ne put même pas parler à sa mère de son projet de visite.

Ces réactions spectaculaires d'Adrienne suite à sa décision d'aller voir son frère la forcèrent à convenir que le problème était de taille. Mais ce ne fut qu'*après* avoir vu Grégoire qu'elle put commencer à identifier et à traiter les sentiments cachés que l'éloignement et la séparation avaient gardés secrets.

Les retombées du changement

Après une telle angoisse préalable, la visite en elle-même fut plutôt rassurante pour Adrienne. Leur rencontre demeura calme, et bien qu'Adrienne fût certaine que Grégoire ne se rendait pas compte qu'elle était sa sœur, elle convint qu'il avait l'air content qu'elle soit là. L'occasion qu'elle s'était donnée de voir Grégoire, d'être près de lui, d'observer son cadre de vie et de rencontrer les membres du personnel qui s'occupaient de lui tous les jours lui firent comprendre que Grégoire était une vraie personne, et lui permirent de corriger les idées qu'elle s'était faites. Ce qui l'impressionna le plus fut le fait qu'un des jeunes membres de l'équipe de soins semblait s'être réellement attaché à Grégoire, sentiment apparemment partagé. « Cela ne m'était jamais venu à l'idée qu'on puisse *s'attacher* à lui — et vice versa ! » s'exclama Adrienne à la séance de thérapie qui suivit la visite. « Ce garçon avait l'air d'éprouver pour Grégoire une réelle affection ; apparemment, il s'agissait d'une *véritable relation.* »

La visite elle-même l'ayant rassurée, Adrienne n'était aucunement préparée à ses séquelles émotionnelles. Plusieurs semaines après, elle avoua à sa mère qu'elle était allée voir Grégoire. Elle arriva à sa séance en pleine crise d'hystérie. Sa mère, Hélène, avait réagi par une crise de dépression sévère et lui avait même parlé de suicide, bien qu'elle n'eût aucunement l'intention de passer à l'acte. La semaine suivante, je les vis toutes les deux ensemble, et ces séances à trois se reproduisirent plusieurs fois. C'est alors que surgit un thème familial fondamental, qui s'était tenu tranquille, comme un volcan en sommeil, depuis la naissance de Grégoire. Ce problème brûlant était le handicap de Grégoire et, plus précisément, la question muette que se posait toute la famille : « La faute à qui ? » Hélène éclatait en sanglots de désespoir, exprimant ainsi son profond sentiment de culpabilité et de reproche envers elle-même au sujet de l'état de son fils.

La séparation d'Adrienne et de son frère avait contribué à protéger leur mère d'une prise de conscience de ces sentiments, et permis à la famille de ne jamais affronter un sujet qui, pour chacun, était beaucoup trop grave pour être maîtrisé. Inconsciemment, Adrienne savait tout cela, comme tous les enfants.

Pendant le temps que nous passâmes ensemble, la mère d'Adrienne put partager avec sa fille les questions qu'elle se posait au sujet du handicap de son fils, et qui la hantaient depuis des années. Etait-ce sa faute ? Le gène venait-il de sa famille ? La bouteille de vin qu'elle avait bue pendant sa première semaine de grossesse, avant de savoir qu'elle était enceinte, était-elle à l'origine du problème ? Elle dit aussi à quel point elle s'était sentie coupable d'avoir pris la décision de placer Grégoire en institution. Elle dit à Adrienne, la voix plus désespérée qu'accusatrice : « Quand tu m'as dit et redit combien ce garçon semblait aimer Grégoire — comment ils paraissaient bien s'entendre — j'ai cru que tu voulais me dire que j'avais été un monstre de le faire enfermer. »

D'une certaine manière, tout cela était nouveau pour Adrienne. Mais en réalité, ce ne l'était pas vraiment, car elle avait toujours ressenti une tension non identifiée autour du problème de Grégoire. Mais la dépression de la mère céda bientôt lorsqu'elle put partager avec sa fille ses pensées et ses réactions. Néanmoins, un second problème surgit simultanément, car Hélène avait établi le contact avec une vieille colère qu'elle éprouvait envers son mari disparu. En effet, elle avait toujours pensé que la famille de son mari l'avait incriminée lorsqu'elle avait décidé de placer Grégoire dans une institution, et elle jugeait que son mari ne s'était pas mis de son côté. Tous deux n'en n'avaient jamais parlé directement, mais le sujet avait constitué une des raisons de leur éloignement mutuel. Car après la naissance de *leur* second fils, Grégoire, Hélène et son mari, eux aussi, avaient connu ce problème d'éloignement, *un schéma qu'Adrienne et son mari étaient en train de reproduire.*

Adrienne et Hélène eurent bien des difficultés à parler ouvertement de ces douloureuses questions, mais au bout du compte, elles n'eurent pas à le regretter. En effet, ayant mis cartes sur table, elles purent établir une relation plus intime entre elles et également se sentir plus libres de leurs sentiments envers Grégoire. Les aveux d'Hélène aidèrent Adrienne à comprendre qu'*elle aussi se sentait coupable ;* coupable de n'avoir pas eu envie que son frère naisse ; coupable parce qu'aussitôt né, elle l'aurait voulu mort ; coupable parce que dans l'inconscient tout-puissant de l'enfant, ces « mauvaises pensées » avaient provoqué l'isolement de son frère ; et enfin, coupable parce qu'elle avait eu la vie facile comparée aux énormes difficultés que le handicap de Grégoire lui avait imposées.

Quand Adrienne fut capable d'expliciter ces sentiments de culpabilité et d'y réfléchir, d'en parler avec sa famille, et de reconnaître qu'ils étaient *naturels* mais aussi *partagés,* son inconscient cessa de se sentir obligé de faire pénitence pour ses péchés. A sa grande surprise, elle s'aperçut qu'elle était capable de réfléchir à sa situation professionnelle de façon plus créative, car sa culpabilité au sujet de son frère handicapé ne constituait plus un frein.

Mais la culpabilité d'Adrienne ne lui venait pas seulement de sources irrationnelles et précoces. Elle se sentait aussi coupable d'avoir rendu son frère invisible et de l'avoir traité comme s'il n'existait pas. *On encourage les femmes à se sentir coupables de tout — à se sentir responsables de tous les problèmes humains —, c'est pourquoi elles ont souvent des difficultés à déterminer si leur culpabilité a une raison valable.* Par « raison valable », j'entends une culpabilité qui nous signale que dans une relation donnée, nous ne nous comportons pas de façon responsable : *notre position n'est pas cohérente par rapport à nos valeurs et aux opinions que nous avons lutté pour pouvoir affirmer, en nous dégageant des pressions familiales et culturelles.*

Ce ne fut qu'*après* avoir vu son frère et brisé l'ancien schéma d'éloignement qu'Adrienne prit conscience de ses forts sentiments de culpabilité. Cette prise de conscience provoqua un changement de comportement, tout naturellement. Doucement, Adrienne établit un contact raisonnablement régulier avec son frère, et elle emmena son mari et ses enfants le voir. A l'époque ou Adrienne terminait sa thérapie, elle ne savait pas encore si Grégoire était capable de comprendre qu'elle était de sa famille, ou s'il appréciait pleinement ses visites. Mais Adrienne, pour son propre bien, avait décidé de rétablir le contact, et de le maintenir.

Et le couple d'Adrienne ?

L'objectif unique d'Adrienne quand elle vint me consulter était de sauver son couple. Elle n'avait aucune intention de parler de la mort imminente de son père ; quant à évoquer son frère handicapé, c'était tout simplement hors de question. « J'ai horreur de discuter de ces histoires de famille, me disait-elle sans cesse. Ça n'a rien à voir avec mon problème. »

Et la réaction d'Adrienne était fort compréhensible. Notre désir de ne pas prêter attention à ce qui nous fait souffrir est facile à comprendre et est tout à fait respectable. Tel était notre point de départ, et nous aurions peut-être pu en rester là. *Mais dans la plupart des cas, les couples sont incapables d'atteindre un degré d'intimité satisfaisant parce qu'ils se concentrent exclusivement sur leur relation.* Nos problèmes relationnels actuels sont alimentés par d'autres problèmes non résolus et affectés par notre compréhension et notre mode d'appréhension des relations familiales au sens large ; il ne sert à rien de rester bloqué dans une perspective étroite.

Adrienne put identifier un schéma de distanciation bien enraciné dans la famille, et qui durait depuis plusieurs générations. Ce faisant, elle put retrouver un lien plus direct avec sa famille, et son comportement avec Frank se modifia parallèlement. Plutôt que de faire l'aller-retour entre éloignement et recherche forcée de l'intimité, Adrienne trouva un moyen terme. Elle abandonna ses tentatives d'intimité vouées à l'échec (par exemple, accuser Frank d'être distant et le pousser à parler) et entreprit des actions constructives (par exemple, dire à Frank qu'elle avait envie de passer un week-end en ville avec lui ; lui parler davantage d'elle-même, sans s'occuper de savoir si la réponse de Frank était la bonne). En résolvant directement ses problèimes avec sa famille d'origine, et en cessant de les éviter, Adrienne devint capable de réfléchir de manière plus objective et plus calme à ses problèmes conjugaux.

L'incapacité où se trouvait Adrienne d'atteindre son objectif d'intimité, son étroitesse de perspective avaient une autre origine. Paradoxalement, les couples qui se concentrent exclusivement sur leur relation et lui accordent toute leur attention sont justement ceux qui ont le plus de problème à atteindre un degré d'intimité satisfaisant. *La véritable intimité ne peut pas s'établir parce qu'on la recherche ou qu'on l'exige, mais uniquement quand les deux personnes travaillent de façon cohérente sur leur propre personnalité.* J'entends par là non pas qu'il faut ne se préoccuper que de soi-même, ou de son plan de carrière. Ces notions d'identité sont typiquement masculines et il faudra bien les remettre en question un jour. Travailler sur soi, c'est aussi clarifier ses pensées, ses valeurs, ses objectifs de vie, conserver une relation responsable avec sa famille d'origine, définir le « je » dans les relations les plus importantes, et traiter les problèmes fondamentaux au moment où ils surgissent.

A l'évidence, il était capital qu'Adrienne prenne au sérieux son problème d'éloignement conjugal. En effet, avant d'avoir découvert la liaison de son mari, elle le sous-estimait. Et pourtant, il fallait aussi qu'elle se débarrasse de son obsession de l'intimité, justement pour mieux atteindre son objectif.

Au fur et à mesure qu'Adrienne développa la qualité de ses relations familiales, elle prit davantage conscience d'elle-même, et réagit de façon moins instinctive aux actions de Frank. Abaisser le niveau de notre réactivité est toujours un défi, et une condition nécessaire si nous voulons travailler de façon productive sur nos problèmes relationnels. Ne nous étonnons pas que le défi soit particulièrement difficile au moment où l'autre appuie là où cela nous fait mal en s'abstenant de penser, de réagir et de ressentir la même chose que nous — ou de la façon dont, à notre avis, il faudrait qu'il le fasse.

6

Les différences : comment les accepter

« Mon frère a sur le divorce des idées qui me hérissent ! »
« Je n'arrive pas à accepter que ma sœur n'aille pas voir mon père à l'hôpital. »
« Ma meilleure amie, qui en aurait pourtant bien besoin, refuse de se faire désintoxiquer : cela me rend folle ! »
« Mais pourquoi ne parle-*t-il pas ? »*

Il est bien difficile d'établir une intimité avec quelqu'un avec qui nous sommes en désaccord. A l'évidence, les relations seraient plus sereines et plus simples si tout le monde avait exactement les mêmes opinions, les mêmes sentiments et les mêmes réactions. Il est humain d'être persuadé que notre façon de voir la réalité est la seule valable, de penser que l'un a tort et que l'autre a raison. Mais trop souvent, nous confondons union et similitude, et considérons que l'intimité doit être la fusion de deux « je » séparés en une seule et même vision des choses.

Bien sûr, il est fatal que certaines différences nous mettent en colère, nous isolent, nous donnent des angoisses — c'est pour cette raison que nous devons savoir que *les différences sont pour nous le seul moyen d'apprendre.* Si notre univers — et même notre entourage le plus proche — n'était composé que de personnes semblables à nous, notre croissance personnelle serait stoppée net.

Pour être plus précis, il faut savoir que les gens *sont* différents. *Tous, nous voyons le monde à travers des filtres différents : ces filtres créent autant de visions du monde qu'il existe d'individus.* Notre filtre est composé de notre race, de notre âge, de notre sexe, de notre contexte ethnique, de notre religion, de notre position dans la famille, de notre classe sociale. En outre, notre vision personnelle de la réalité est influencée par notre histoire familiale qui a engendré divers mythes, diverses prises de position et diverses traditions tout au long des générations qui nous ont précédés, ainsi que la nécessité de ressembler, mais aussi de changer. Intellectuellement, c'est facile à comprendre. Sur le plan émotionnel, c'est une autre affaire. Tant que nous ne saurons pas apprécier et respecter ce concept du *filtre différent,* nous serons incapables de prendre de la perspective. A la moindre poussée de stress, nous nous concentrerons de façon abusive sur ce qu'à notre avis l'autre fait de travers, ou fait comme il convient, sans plus penser à notre propre identité.

Il n'est pas question de nier la nécessité que nous éprouvons de nous lier avec des personnes qui nous ressemblent. A l'évidence, il existe des personnes avec qui nous partageons des opinions et des valeurs importantes, dont les centres d'intérêt et les activités sont proches des nôtres, et qui voient la vie à notre façon. Mais les différences sont inévitables dans toute relation intime — différences de valeurs, d'opinions, de priorités et d'habitudes, *mais aussi différences dans la façon de gérer l'angoisse et les relations en situation de stress.*

Quand l'angoisse dure, ces différences vont se calcifier et prendre des positions extrêmes au sein de la relation, comme ce fut le cas dans ma famille pendant la maladie de ma mère. Et si nous réagissons violemment aux différences (en nous éloignant ou en nous concentrant sur l'autre de façon intense), les choses vont de mal en pis.

Les exemples que je vais vous proposer illustrent le défi que représentent l'acception des différences et le contrôle de notre réactivité face à celui qui nous fait sortir de nos gonds ou qui n'agit pas comme nous le souhaiterions. Nous verrons que ce défi est tout à fait relevable dans certaines circonstances, et paraît au contraire impossible à tenir dans d'autres situations.

Vivre avec les différences

Suzanne est anthropologue. Elle a passé plusieurs années dans le Sud-Est asiatique, où elle étudiait les modes d'éducation des enfants. Elle parle trois langues couramment, et, par nature et par formation, elle s'est toujours intéressée aux autres cultures.

Apprendre à devenir un observateur serein, impartial et objectif faisait partie du lot quotidien de Suzanne. Mais comme souvent, cette attitude ne s'étendait pas à ses proches. Quand elle vint me voir pour la première fois, elle était furieuse contre son mari, Jean, dont elle disait qu'il était « accroché aux basques de sa mère et de sa famille en général. » Jean l'avait accompagnée, contre son gré, et ce ne fut que longtemps après qu'il revint me voir de sa propre initiative.

J'appris que Jean, l'aîné de trois fils, celui qui avait reçu la meilleure éducation, était le seul fils à avoir quitté la région de New York, où ses grands-parents italiens s'étaient installés il y a bien longtemps. Six mois auparavant, sa mère avait eu une sérieuse attaque, et Jean luttait avec les sentiments de culpabilité que lui inspiraient son éloignement du foyer familial. Il avait laissé son père et ses deux frères cadets supporter presque tout le fardeau des soins quotidiens qu'exigeait l'état de sa mère. De plus en plus, Suzanne se désolidarisait du combat de son mari qui se matérialisait par d'innombrables et interminables appels téléphoniques à la famille. « Jean ne s'est jamais vraiment séparé de ses parents », m'expliqua Suzanne lors de la première séance, sans tenter de cacher ses sentiments de frustration. « Mon mari est beaucoup plus attaché à *sa famille* qu'à *moi.* »

A l'origine, Suzanne était venue me voir pour me demander de l'aide au sujet de ses problèmes conjugaux. Bien vite, il devint évident que le problème, pour elle, était Jean, Jean et sa famille « collante, exigeante ». Comme on pouvait s'y attendre, pour Jean, le problème, c'était Suzanne. Selon lui, elle se montrait froide et critique, et ne savait pas partager ses soucis et son dilemme.

Un problème ethnique

Les origines ethniques font partie des nombreux filtres à travers lesquels nous voyons le monde. Suzanne étant anthropologue, cela aurait dû l'aider, en toute logique, à adopter une attitude de réflexion à propos des différences qui la concernaient directement. Suzanne venait d'une famille anglo-saxonne et protestante, Jean d'un milieu italien. Suzanne aurait dû être acapable d'apprécier les différences de culture avec l'objectivité, la neutralité et la sérénité dont elle savait faire preuve quand ils'agissait des différences d'éducation en Amérique et en Chine. Pourtant, il n'en était rien. Tel était le défi à relever, et il n'était pas facile, surtout parce que Suzanne était en proie à des sentiments très forts.

Une famille, qu'est-ce que c'est ?

Suzanne avait une vague idée des différences de tradition entre son milieu et celui de Jean, mais n'y avait jamais beaucoup réfléchi. Quand elle fut capable d'assez de curiosité pour se documenter sur la question, elle se mit à explorer l'idée que ces deux groupes ethniques se font de la famille, leur définition des responsabilités de jeunes envers les vieux. Cela lui rappela quelque chose de familier.

Pour la famille italienne, l'important, c'est *l'union.* On ne pense pas vraiment à l'individu (le « je ») en-dehors de la famille, ni à la famille nucléaire en-dehors de la famille étendue. Le mariage d'un enfant, par exemple, ce n'est pas *lâcher* un enfant dans le vaste monde, mais plutôt accueillir un nouvel élément *au sein* de la famille. Dans la mesure où , dans cette culture, ce qui compte, *c'est de prendre soin des siens,* il n'est même plus nécessaire de *sortir* des ressources familiales pour résoudre les problèmes ou demander de l'aide.

Chez les protestants blancs d'origine britannique, la définition de la famille est bien différente. Dans le milieu de Suzanne, la famille est *une réunion d'individus* pourvue de quelques illustres ancêtres dont on aime à se vanter. Il est important que les enfants quittent la maison au moment opportun — on les lâche dans le monde en tant qu'individus indépendants, autonomes et compétents.

Qui s'étonnera, dans ces conditions, que Suzanne et Jean aient des opinions différentes sur des problèmes aussi fondamentaux que la loyauté familiale et la proximité, ou les soins à donner aux parents âgés ? La famille de Jean aurait souhaité qu'il fût parmi eux. Ils étaient fiers de sa réussite, mais se sentaient trahis, ne comprenaient pas pourquoi il s'était installé de l'autre côté du pays, loin de ses racines. Les parents de Suzanne, auc ontraire, estimaient que la séparation était nécessaire. Les enfants, une fois grands, devaient être des adultes compétents et responsables et se comporter comme tels dans les crises familiales — mais « responsables » ne signifie pas proches, car la proximité ne faisait qu'ajouter au malaise de la famille de Suzanne en situation de stress.

Les généralisations : attention, danger

Quand elle se mit à penser à son mariage en termes de différences ethniques, Suzanne put acquérir une appréciation plus respectueuse des *différents filtres* à travers lesquels nous voyons le monde. Mais bien sûr, les généralisations posent problème car si elles sont mal utilisées, elles servent à fabriquer des stéréotypes plutôt qu'à nous aider à reconnaître l'écran qui filtre notre expérience. Quand nous généralisons à outrance (« Les Irlandais sont tous comme cela », « Les aînés sont ainsi », « Les femmes sont toutes les mêmes »), nous *exagérons* les ressemblances qui existent à l'intérieur d'un groupe et minimisons les ressemblances entre groupes. A l'évidence, il existe une grande diversité à l'intérieur des groupes, et d'innombrables exceptions à la règle.

Il faut être particulièrement vigilant quand les généralisations concernent des groupes subordonnés. Tout au long de l'histoire de l'humanité telle qu'elle nous a été transmise, les généralisations sur les femmes (au nom de Dieu, de la nature ou de la science) ont servi les intérêts du groupe dominant et ont défini des sphères « différentes mais égales » qui maintiennent les femmes à leur place et camouflent la nécessité des changements sociaux. Depuis des générations, les femmes se sont pliées à ces principes qui leur dictaient ce qui convenait à leur sexe, et en paient le prix fort.

Les généralisations ne nous renseignent pas sur ce qui est bien ou mal, meilleur ou pire, naturel ou don de Dieu. *Elles ne sont utiles que lorsqu'elles engendrent un plus grand respect ou une meilleure appréciation des conceptions différentes de la réalité que créent les différences de contexte.* Dans le cas de Suzanne, par exemple, sa volonté de regarder d'un œil curieux le problème du contexte ethnique l'a aidée à cesser de *diagnostiquer* le comportement de culpabilité de son mari qui était en proie à un véritable conflit de loyautés, et à le considérer comme une *différence* résultant de l'évolution naturelle des traditions et des schémas familiaux. En réagissant de façon moins instinctive à ses comportements, en se concentrant moins sur ces derniers, elle fit le premier pas vers le déblocage d'une situation conjugale difficile et fit évoluer la relation vers une union plus sereine et plus respectueuse.

L'attraction des contraires : et alors ?

Le cas de Suzanne et Jean illustre bien le vieux principe de l'attraction des contraires. En effet, il arrive que *les différences* nous attirent comme un aimant vers une autre personne ; mais ces mêmes différences, ultérieurement, peuvent avoir l'effet inverse. Ce qui, au début, nous attire devient ensuite la source du problème.

Jean venait d'une famille très unie qui fonctionnait sur le mode « un pour tous, tous pour un ». Dans sa lutte pour se construire une identité propre, il développa une sorte d'allergie au degré de proximité, d'union et d'émotion qui caractérisait sa famille. Il réagit en se sentant attiré par des femmes qui fonctionnaient suivant un modèle de détachement et d'éloignement. Il tomba amoureux de Suzanne, dont la famille valorisait l'indépendance émotionnelle et l'autonomie complète des membres d'une même famille.

Suzanne, quant à elle, était allergique à la distance et à la superficialité qui régnaient dans sa famille. Elle fut tout de suite attirée par le milieu familial chaleureux de Jean. Au bout de cinq années de mariage, quels avaient été ses griefs ? Elle se sentait enfermée et étouffée par les « exigences » de la famille de Jean (« C'est comme un gros cocon gluant ») et elle en voulait à Jean de n'avoir pas su couper le cordon. Pour Jean, l'attitude émotionnelle distante et bien propre qui l'avait attiré à l'origine représentait aujourd'hui sa principale source d'insatisfaction.

Se concentrer sur soi-même

Plus Suzanne était capable de penser en termes de différences culturelles entre elle et Jean, mieux elle comprenait la situation, mieux elle réagissait. Au fur et à mesure, Jean devint capable de lutter plus efficacement contre son propre problème. Suzanne n'avait pas vraiment besoin d'en savoir beaucoup plus sur les problèmes ethniques pour améliorer leur relation. Les différences ethniques, comme l'ordre de naissance des enfants, ne sont qu'un des innombrables facteurs qui influencent notre définition du soi, notre vie et notre façon de vivre nos relations. Pour Suzanne, néanmoins, cette « recherche » l'aida à se concentrer de façon moins négative sur le problème de Jean. Son objectivité toute neuve constitua un premier pas capital vers le changement.

Suzanne réagissant de façon moins instinctive aux problèmes de son mari, elle put être plus attentive à ses propres problèmes en suspens avec sa famille d'origine. Si les longs coups de téléphone de Jean avec sa famille l'agaçaient, c'était qu'elle était, de son côté, trop éloignée de sa propre famille. Tout doucement, elle commença à rétablir le contact émotionnel direct avec ses parents et sa sœur, et bientôt elle fut capable de prêter moins d'attention négative aux actions de Jean avec ses parents et sa famille. *Quand nous ne sommes pas assez attentifs à nos relations avec notre famille, nous réagissons de façon abusive à celles que notre conjoint entretient avec la sienne.*

Suzanne apprit donc à ne pas se mêler des affaires familiales de Jean, tout en continuant à s'exprimer sur les problèmes qui la concernaient directement. Par exemple, tous deux avaient conçu le projet de faire un séjour d'une semaine sur la côte Est ; la famille de Jean insistait pour qu'ils habitent chez eux pendant toute la durée des vacances. Suzanne, quant à elle, n'était pas d'accord avec cet arrangement qui lui faisait éprouver comme une claustrophobie. Elle voulait aller habiter chez des amis et n'aller voir la famille de Jean que pendant la journée. Au départ, Jean prétendit que sa famille ne pourrait ni comprendre ni accepter un tel arrangement — et qu'il ne voulait pas en entendre parler.

Autrefois, Suzanne aurait passé sa vie à rôder autour de Jean pendant ses coups de téléphone, aurait critiqué l'attitude possessive de ses parents, leurs exigences excessives, et enjoint son mari de leur tenir tête. Dans la nouvelle perspective, elle resta en-dehors des négociations tout en s'exprimant fermement sur les problèmes qui la concernaient. Par exemple, elle dit à Jean qu'il était important pour elle d'avoir quelques moments de solitude avec lui, et expliqua que pour elle, les visites étaient trop stressantes quand il fallait rester tout le temps dans la famille. Jean finit par dire à ses parents que lui et Suzanne passeraient trois soirs à l'hôtel parce qu'ils avaient envie d'être un peu seuls. Suzanne prit la responsabilité de se préserver quelques moments loin de la famille à chaque fois qu'elle en avait besoin. Si Jean était resté sur ses positions et avait tenu à passer les huit nuits en famille, Suzanne aurait décidé qu'elle pouvait le supporter, ou bien elle aurait pris d'autres dispositions.

Pour Jean, cela constituait un véritable défi que de commencer à établir avec ses parents des limites et des frontières : la force d'union était si puissante ! De la même façon, Suanne fut mise au défi de faire un pas *vers* sa famille au moment ou la force de séparation était en pleine action. Ce travail, finalement, leur permit d'arrêter de se disputer et de retrouver leur propre équilibre de confort entre les forces de séparation et d'union qui présidaient à leur vie conjugale.

La morale de l'histoire

Peut-être les problèmes spécifiques de Suzanne ne vous rappellent-ils rien. Les rôles sexuels étant ce qu'ils sont, il est beaucoup plus courant qu'il se produise le contraire : l'homme s'éloigne tandis que la femme recherche le rapprochement — et que les filles, et non pas les fils, aient à lutter sur des problèmes de responsabilité familiale et de relations avec les parents âgés.

Il n'en reste pas moins que le combat de Suzanne est universel. Tous, nous venons d'une culture différente, avec des rôles et des règles familiales qui ont évolué des générations durant. Que les problèmes soient les grandes questions de la vie (comment s'occuper des parents qui vieillissent ? Comment gérer l'argent ? Comment discipliner les enfants ?), les moyennes questions (Est-il autorisé de se plaindre, de se vanter ou de rayonner ?), ou les petites (faut-il hacher les oignons ou les couper en tranches ?), nous sommes tous profondément affectés par les schémas familiaux et les traditions qui nous paraissent parfois constituer la vérité première, et non pas une perspective parmi tant d'autres.

En particulier, il arrive souvent que nous ne sachions pas évaluer les différences dans les schémas que suivent les individus à l'intérieur de leurs relations en situation de stress. Si nous gérons l'angoisse en partageant nos sentiments et en recherchant le rapprochement, nous nous en prendrons à celui qui préfère réagir en devenant plus renfermé, plus autonome. Si l'angoisse provoque chez nous une réaction d'hyper-responsabilité, de volonté de tout résoudre, nous réagirons mal vis-à-vis de celui qui devient irresponsable et qui réclame de l'air. Plus nous suivons intensément *notre* schéma réactionnel, plus l'autre suivra le *sien,* et vice versa. Plus nous nous concentrerons sur le comportement de l'autre plutôt que sur le nôtre, plus nous serons bloqués.

Plus l'angoisse est forte dans une relation, plus elle dure longtemps, plus nous aurons de chances de nous polariser sur les différences et de nous retrouver enfermés dans une position rigide et sans issue, et ceci pour un long moment. Nous avons tendance à gérer l'angoisse en divisant les choses en deux camps ; nous perdons bien vite notre capacité à voir les deux aspects (quand il n'y en a que deux) d'un problème.

Voici une histoire de couple qui illustre bien cette idée. Quand ils sont venus me voir, ils étaient au bord du divorce. Leur fille unique, une enfant de six ans, était handicapée à la suite d'un accident de voiture survenu deux ans auparavant. Cette même année, on avait découvert que son grand-père paternel était atteint de la maladie d'Alzheimer. Le niveau d'angoisse de la famille était fatalement élevé, et l'enfant, Deborah, souffrait de problèmes psychologiques à l'école.

Les parents cherchaient de l'aide pour la première fois, incités par le conseiller d'éducation. Ils pouvaient à peine se parler. « Je ne la supporte plus ! » expliqua le mari. « Elle est toujours sinistre — elle me parle toujours de la dépression qu'elle ressent depuis l'accident, des problèmes de Deborah. Elle agit comme si elle était en deuil, et pourtant personne n'est mort. » Pour l'épouse, cela se présentait ainsi : « Mon mari ne sait pas quoi faire de ses sentiments, il ne veut pas parler de ce qui s'est passé, tout ce qu'il veut, c'est être hors de la maison aussi souvent que possible. Je suis trop seule face à tout cela, je ne peux pas le supporter. »

Ce couple s'était polarisé de façon rigide sur leur façon d'aborder le handicap de leur fille. Tous deux avaient perdu le contact avec une partie importante de leur propre expérience, qui avait été prise en charge par l'autre de façon exagérée. La mère se noyait dans son chagrin. Le père s'éloignait de ses sentiments et insistait pour que la vie continue. A les écouter se critiquer hargneusement, il aurait été facile d'oublier que *les deux* souffraient et que *les deux* devaient continuer à vivre — même si leurs méthodes étaient différentes, même s'ils n'étaient pas en phase.

La réactivité : comment l'apaiser

Notre propre *réactivité* aux différences nous mène à des positions excessives et bloquées dans nos relations — relations tellement rigides, tellement polarisées que nous perdons toute capacité à retrouver le contact *aussi bien* avec la compétence qu'avec l'incompétence de l'autre — et avec les nôtres. Au lieu de cela, *nous nous concentrons de façon abusive* sur l'incompétence de l'autre, *sans prêter suffisamment d'attention* à la nôtre. Nous sommes incapables de percevoir davantage qu'un aspect du problème, de trouver de nouvelles options, d'observer et de modifier le rôle que nous jouons dans un schéma relationnel qui nous bloque.

La réactivité nous guette tous, à un moment ou à un autre, et il est facile de la reconnaître quand elle s'empare de nous. L'autre n'a qu'à descendre de l'avion, pénétrer dans la pièce, arriver dix minutes en retard ou mentionner tel ou tel sujet, et nous sentons nos entrailles se nouer, la colère monter à grande vitesse, cette sensation de déprime soudaine, notre cœur qui se serre. Suzanne éprouvait une réaction émotionnelle intense et automatique à chaque fois que son mari décrochait le téléphone pour appeler sa famille. Le couple à la fillette handicapée avait ce problème à chaque fois qu'ils se retrouvaient ensemble et parlaient de leur enfant. Notre réactivité peut prendre la forme d'une migraine ou d'une crise de diarrhée. Plus nous nous laissons enfermer dans ces situations réactives, plus nos différences s'accentuent et se polarisent.

Divorcés légalement, mariés émotionnellement

Magali et Thomas, comme bien des couples divorcés, étaient séparés légalement mais pas émotionnellement. Les différences entre eux étaient évidentes, même pour l'observateur le plus distrait. Magali gérait son angoisse *en sur-fonctionnant*, attitude typique de sa situation d'aînée de quatre filles. A chaque fois que le stress pointait, elle se précipitait dans son habit de personne hyper-responsable, et se hâtait de s'occuper de tout et de veiller au grain. Plus l'angoisse était forte, plus elle en faisait, plus elle se concentrait sur les autres qui, à ses yeux, n'assumaient pas leurs responsabilités et ne faisaient pas ce qu'ils avaient à faire. Ceux qui l'aimaient admiraient sa compétence, sa maturité et sa fiabilité. Ceux qui ne l'aimaient pas disaient qu'elle était brutale, stricte, trop sûre d'elle, trop exigeante. Portrait typique de l'aînée d'une famille de filles.

Contrairement à Magali, Thomas *sous-fonctionnait* en situation de stress. Il avait tendance à devenir insaisissable, irresponsable, incitant ainsi les autres à le critiquer ou à se charger de ses propres devoirs. Par exemple, il disait à Magali qu'il ramènerait les enfants chez elle à six heures le dimanche soir, et n'arrivait qu'à sept heures moins vingt. Il était rare qu'il trouve une cabine téléphonique pour la prévenir du retard, bien qu'il sût que les retards faisaient partie des choses qui mettent Magali hors d'elle. Ceux qui aimaient Thomas admiraient son comportement chaleureux, calme, charmeur et détendu. Ceux qui ne l'aimaient pas beaucoup trouvaient qu'il ferait bien de mûrir et de devenir plus fiable et plus soucieux des autres. Thomas, à bien des égards, est le portrait typique du cadet de la famille.

Les styles de vie de Magali et Thomas reflétaient aussi leurs différences. Magali est agent immobilier, elle est ambitieuse et elle réussit ; elle n'a pas peur d'affirmer qu'elle apprécie les bonnes choses de la vie. Pour elle, le statut social et le confort du mariage étaient importants, et elle a fait tous les efforts pour obtenir ce qu'il y avait de mieux, pour elle-même et ses enfants. Thomas, au contraire, gagnait un salaire de misère en tant qu'éducateur d'enfants handicapés, et se prévalait d'un certain anti-matérialisme. Les personnes qu'il appréciait le plus étaient un groupe d'artistes locaux aux conditions de vie modestes.

La première fois que je les reçus, ils s'en voulaient mutuellement, comme cela avait été le cas pendant presque tout le temps qu'avait duré leur mariage. Ils ne restaient ensemble dans la même pièce que parce qu'ils se faisaient du souci à propos de leurs deux enfants, un garçon et une fille, qui tous deux présentaient les symptômes de troubles psychologiques. Pendant les premières séances, chacun accusait l'autre d'avoir provoqué les problèmes des enfants. Magali était convaincue que l'irresponsabilité et l'immaturité de Thomas avaient constitué une influence néfaste, surtout pour le plus jeune, le petit garçon. Thomas éprouvait le même sentiment à propos des valeurs et du mode de vie de Magali (« Acheter à une fille de 17 ans une voiture de sport flambant neuve, quelle folie ! Mais qu'est-ce qu'elle veut lui prouver ? »)

Il fut un temps où les différences entre Magali et Thomas les rapprochèrent. Thomas avait grandi au sein d'une famille imprévisible et voyait en Magali la stabilité et la fiabilité qui lui avaient toujours manqué. Magali avait été une enfant calme, très responsable, et elle avait vu en Thomas une personne qui pourrait l'aider à se libérer et à s'amuser un peu. Mais, comme souvent, les différences qui les avaient attirés l'un vers l'autre allaient les séparer.

Dix-huit ans après s'être mariés, six ans après avoir divorcé, leur colère réactive constituait *le ciment qui les empêchait de se séparer réellement au sens émotionnel.* Aussi longtemps que cette situation durerait, ils resteraient mariés, comme par le passé. Leur réactivité l'un par rapport à l'autre les maintenait proches (d'une façon négative, certes) et aucun des deux n'était prêt à lâcher du lest.

Qui était le bon, qui était le mauvais ? Les amis de Magali prenaient son parti, ceux de Thomas le sien. En fait, Thomas et Magali étaient des parents aussi compétents l'un que l'autre. Aucun des deux ne menait une vie foncièrement néfaste pour eux-mêmes ou leurs enfants. Simplement, ils étaient différents. De la même façon, le surfonctionnement et le sous-fonctionnement sont des méthodes normales et courantes de gérer l'angoisse. Mais quand nous nous retrouvons enfermés dans des situations extrêmes et polarisées, nous fonctionnons à nos propres dépens et à ceux des autres.

Avec deux enfants en proie à de graves problèmes, quel était le problème, de quelle responsabilité relevait-il ? Le problème n'était *pas* les caractéristiques individuelles, les qualités, les valeurs de chacun des parents. Tous deux avaient leurs forces et leurs faiblesses. Le problème, c'était leur *réactivité* mutuelle, qui était aussi virulente que durable.

Par exemple, quand Thomas ramenait les enfants avec une heure de retard, Magali, parfois, ne disait rien, mais la tension dans la pièce était si palpable que sa fille affirmait qu'on aurait pu la toucher. Cinq minutes plus tard, au téléphone avec sa meilleure amie, Magali lui confiait combien Thomas se montrait irresponsable et immature, et ses inquiétudes quant à son influence sur les enfants. Magali avait pour ainsi dire perdu toute capacité à se concentrer sur la compétence paternelle de Thomas et à la percevoir.

Bien sûr, Thomas n'était pas en reste quand il s'agissait d'alimenter l'animosité. Non seulement il savait exactement quoi faire pour mettre son ex-femme hors de lui et la maintenir dans un état de préoccupation (par exemple, lorsqu'il ne téléphonait pas pour prévenir qu'il serait en retard), mais en plus lui aussi fonctionnait de façon réactive par rapport à Magali. Par exemple, lorsque il partit camper avec ses enfants et ses copains, les enfants portaient des chaussures de marche à soixante dollars que Magali leur avait achetées. Thomas faillit avoir une crise de nerfs. Pendant le voyage, à plusieurs reprises, il se moqua de leurs « chaussures de fils à papa », critiquant ainsi, évidemment, l'attitude de leur mère.

Et les enfants ? Bien sûr, ils adoptèrent un comportement réactif eux aussi. Le cadet, en particulier, commença à éprouver de sérieuses angoisses et de fortes colères en se demandant « de quel côté » il se rangeait. Incapable de gérer une relation individuelle avec chacun de ses parents, en-dehors de la relation intense qui les unissait, il faisait des siennes à l'école et se mettait dans toutes sortes de situations impossibles.

Après quelques séances, Thomas et Magali cessèrent de venir. Quelques mois plus tard, Magali m'appela pour me dire qu'elle avait mis ses deux enfants, individuellement, en psychothérapie, et qu'elle espérait que cela leur donnerait une chance de travailler sur leurs problèmes, qui à son avis étaient provoqués par son mari. Thomas était violemment opposé à cette thérapie et refusait de conduire les enfants aux séances, ou d'avoir quoi que ce soit à voir avec cette entreprise. Selon Magali, le nouveau thérapeute, comme elle, considérait que les enfants constituaient le véritable problème et que Thomas était un père irresponsable qui n'agissait pas dans leur intérêt. L'intensité négative entre Thomas et Magali avait alors atteint son point culminant. Aujourd'hui, je ne sais pas comment tout cela s'est terminé.

Cette histoire met en scène *un triangle orienté vers l'enfant*. Nous verrons plus loin le mode de fonctionnement de ces triangles. Elle illustre également comment des personnes différentes (même des spécialistes) *identifient le problème* de manière différente. Quant à moi, je me servirai de l'histoire de Thomas et Magali pour illustrer un certain nombre de points clés.

Tout d'abord, il est rare que les différences, en soi, constituent le problème relationnel ; le problème réside dans notre réactivité aux différences. En cas de divorce, par exemple, certains enfants réagissent très bien même si les parents ont des valeurs diamétralement opposées, des styles de vie et des modes de gestion de l'angoisse totalement différents. En revanche, certains enfants s'en sortent mal quand la réactivité ou l'intensité émotionnelle exprimée est forte entre les parents, et bien plus mal encore s'ils constituent le point de focalisation de cette intensité. Et bien sûr, les parents eux aussi sont dans une situation difficile.

Ensuite, la réactivité accentue et calcifie les différences. Par exemple, la concentration excessive de Magali sur l'incompétence de son mari (et son inattention à ses propres problèmes) n'ont fait que provoquer l'accentuation de son comportement irresponsable et polariser encore davantage la relation. De la même manière, la colère de Thomas et sa concentration sur le matérialisme de son ex-femme (ainsi que son besoin de se poser comme son contraire) ont empêché que se produise la moindre rencontre entre les valeurs, les opinions et les désirs qu'ils avaient en commun, malgré tout. Naturellement, les enfants se sentaient pressés de choisir s'ils avaient envie de devenir « comme Papa » ou « comme Maman » (un combat de loyautés impossible), plutôt que d'être capable de s'identifier avec les aspects de chaque parent qui leur convenaient le mieux.

Apaiser notre réactivité est sans doute le pas le plus important et le plus difficile vers la mise à bas des barrières qui empêchent l'intimité et la résolution des problèmes humains. C'est pourquoi j'ai envoyé Suzanne en bibliothèque pour qu'elle se documente sur les problèmes ethniques — pour qu'elle puisse commencer à *réfléchir* sur les différences qui caractérisaient son mariage plutôt que de se contenter d'y réagir de façon instinctive. C'est aussi pourquoi je l'ai mise au défi de se rapprocher de sa propre famille d'origine — pour que la distance et la séparation dans ce domaine ne la rendent pas plus vulnérable aux réactions intenses dans son couple ou dans toute autre relation importante. Comme nous l'avons avec Susan, et aussi avec Adrienne, *le changement n'intervient que lorsque nous commençons à réfléchir et à travailler sur notre identité — plutôt que de nous concentrer sur l'autre sur le mode réactif.*

Mais qu'est-ce que cela signifie ? Qu'il s'agisse de l'irresponsabilité d'un ex-mari, de la dépression d'un époux, des critiques incessantes de votre patron, de la distance que vous témoigne votre frère, de l'alcoolisme de votre père, des jérémiades de votre mère, comment cesser de se concentrer sur l'autre sur le mode réactif ? Et de quoi s'agit-il ? En acceptant et en sachant apprécier les différences, nous contentons-nous de nous adapter à une relation ? Est-ce que cela veut dire qu'on peut tout accepter ? Est-ce que cela veut dire que même lorsque nous bouillons à l'intéieur, il ne faut rien dire ? *Bien sûr que non !*

Savoir mettre en sourdine notre réactivité, ne plus nous concentrer exclusivement sur l'autre n'est pas synonyme d'indifférence, de coupure, de silence ou de compromis. Ce n'est *pas* faire semblant d'ignorer les choses qui nous préoccupent parce que nous avons peur d'aggraver la situation. En fait, cela signifie consacrer davantage d'énergie à rétablir le contact et à définir notre position dans les problèmes relationnels importants, mais sur un nouveau mode orienté vers le soi, et non plus sur l'autre. Nous allons voir comment cela peut fonctionner.

7

Définir une ligne de conduite

« Autrefois, l'alcoolisme de mon père me rendait folle, expliqua Christelle lors d'une séance de thérapie de groupe, mais j'ai fini par m'en sortir. » Christelle racontait son histoire à Alice, qui, elle, essayait encore de « guérir » l'alcoolisme de son époux.

« Ça n'a pas été facile, poursuivit Christelle, mais j'ai fini par comprendre que je ne pourrais pas le changer. J'ai essayé pendant dix ans, je lui ai donné des conseils, calmement, en toute logique. J'ai piqué des crises, j'ai hurlé, j'ai supplié, j'ai plaidé. Je lui ai dit qu'il était malade et que sa maladie affectait toute la famille. Deux fois, avec ma mère, nous l'avons inscrit à une cure de désintoxication et l'y avons traîné. Rien n'y a fait. Il m'a donc fallu dix ans pour accepter le fait que je ne peux rien faire pour que mon père arrête de boire et qu'il ne changera jamais. »

Alice écoutait de toutes ses oreilles. Elle savait trop bien que ses propres méthodes — vider les bouteilles d'alcool dans l'évier, par exemple — ne servaient à rien, et elle était avide de conseils. « Et maintenant, que fais-tu ? », demanda-t-elle.

« Eh bien, je fais comme si cela n'existait pas, dit Christelle, tout simplement. Le week-end dernier, j'étais dans ma famille. J'ai compris tout de suite que Papa avait bu. Je suis arrivée après le déjeuner et déjà il avait du mal à parler et une mine épouvantable. Le dimanche, il arrivait à peine à suivre une conversation, et pendant presque tout le temps de mon séjour, il était ailleurs. A un moment, il était descendu au sous-sol, ma mère me dit qu'il buvait de plus en plus — et qu'il ne voulait même pas aller chez le médecin pour un bilan. Papa en est encore à nier qu'il a un véritable problème. Mais je ne veux pas en parler avec lui. J'ai fini par comprendre que je ne peux pas l'aider. »

« Tu veux dire que tu fais comme si tu ne voyais rien ? Tu n'y fais pas attention ? », demanda Alice.

« Oui », expliqua Christelle. « Il m'a fallu un bon bout de temps pour apprendre qu'il n'y a rien d'autre à faire. Il boit, c'est son affaire. Et si tu persistes à forcer ton mari à cesser de boire, tu parviendras à la même conclusion. »

L'histoire de Christelle est assez banale, et elle n'est pas spécifique aux cas d'alcoolisme. Elle soulève un problème plus large : comment nous réagissons lorsqu'une personne qui nous est proche sous-fonctionne de façon chronique, ou adopte des comportements que nous pouvons pas accepter ou tolérer. Quelles sont les choses qui fonctionnent et ne fonctionnent pas dans notre cas précis.

Quand nous sommes capables de reconnaître et d'accepter vraiment ce qui ne fonctionne pas, nous avons déjà fait la moitié du chemin. Christelle a dit au groupe qu'elle avait appris à reconnaître ce qui ne fonctionnait pas avec son père, à savoir ses réactions violentes et sa concentration sur le problème. Ce qui ne fonctionnait pas, c'était quand elle lui donnait des conseils ou essayait de résoudre le problème à sa place. Ce qui ne fonctionnait pas, c'était quand elle essayait de le forcer à s'amender, ou qu'elle venait à son secours — quand elle pensait que c'était possible. Ce qui ne fonctionnait pas c'était ses mensonges,les excuses qu'elle lui trouvait pour masquer son alcoolisme vis-à-vis des autres, c'était ses critiques, ses accusations, ses reproches. Comme elle le disait, il lui avait fallu dix ans pour accepter vraiment le fait que ces vieux comportements ne fonctionnaient pas.

Et elle a raison, cela ne fonctionne pas. Que le problème soit l'alcoolisme, la dépression, l'irresponsabilité, la schizophrénie — tous les comportements que nous venons d'énumérer ne font que diminuer la probabilité que l'autre prenne sur lui de résoudre son problème. Pour certains d'entre nous, il faut plus de dix ans — parfois, c'est l'affaire de toute une vie — pour comprendre vraiment que tout cela ne sert à rien. En fait, en nous comportant ainsi, nous agissons aux dépens de celui qui sous-fonctionne et compromettons toute posibilité d'intimité basée sur le respect mutuel.

Reconnaître que les anciennes méthodes ne fonctionnent pas nous offre l'opportunité de réfléchir, de rassembler de l'information, de nous tourner vers les faits et de trouver de nouvelles options de comportement. Mais agir ainsi dans un domaine émotionnel ou l'angoisse est forte constitue une rare réussite. Quand Christelle a essayé de changer ses anciennes méthodes, quelle solution a-t-elle adoptée ? Selon elle, elle s'est mise à ignorer totalement le comportement de son père — ce qui est une forme de distanciation émotionnelle. Comme nous le savons, la distanciation par rapport à un problème ou à une personne est aussi une position réactive générée par l'angoisse. Cela ne fait que dissimuler l'angoisse en la concentrant en un endroit unique, nous laissant d'autant plus vulnérables et réactifs dans d'autres domaines émotionnels.

Faire comme si rien ne se passait, se taire quand son père était ivre, ne prendre aucune position sur un problème important qui la préoccupait et provoquait toujours une forte angoisse intérieure — une réaction pas vraiment responsable quand il s'agit d'une relation importante.

Aujourd'hui, Christelle parle *de* son père avec sa mère, mais elle ne *lui* parle plus directement, ce qui ne fait qu'allonger la distance qui les sépare. Christelle prend part à un triangle familial banal dans lequel la mère et la fille renforcent leur intimité par le moyen de leur déception et de leur tristesse envers le père, plutôt que de continuer, chacune de leur côté, à s'adresser directement à lui. Le père, lui aussi, joue son rôle dans l'entretien de cette situation trinagulaire et garde sa position de sous-fonctionnement.

Comme la relation d'Adrienne avec Frank (chapitre 5), la relation de Christelle avec son père reflète deux méthodes typiques de gestion de l'angoisse. Notre propre expérience comporte à coup sûr une de ces deux méthodes. La première consiste à réagir *ouvertement* de façon instinctive. On concentre une grande quantité d'énergie vitale (colère et/ou préoccupation) sur l'autre, essayant sans succès de changer ou d'accuser cette personne ; la seconde est une réaction réactive *camouflée*, où nous évitons l'intensité en nous éloignant d'une personne ou d'un problème particulier. Quand ces méthodes deviennent routinières et non plus temporaires, nous courons vers le blocage.

Comment trouver le juste milieu entre le sur-fonctionnement et l'hyper-responsabilité d'une part, l'éloignement et le désengagement de l'autre ?

Adopter une position

Après de longs et difficiles efforts, Christelle parvint à un stade où elle était effectivement capable de *définir une ligne de conduite* par rapport à son père et à son alcoolisme. Quelles en furent les conséquences ?

Tout d'abord, Christelle cessa de prétendre qu'elle ne voyait pas l'alcoolisme de son père, et affirma clairement qu'elle ne séjournerait pas chez lui, et qu'elle ne lui parlerait pas au téléphone s'il avait bu. Elle fut capable de lui dire cela sur un ton relativement calme, non agressif, *tout en exprimant clairement le fait qu'elle agissait pour elle, et non pas pour ou contre son père.* Pour bien des raisons, cette démarche fut difficile pour Christelle. En effet, elle était obligée de trouver un autre lieu pour passer la nuit si, après un trajet de quatre heures, elle arrivait chez ses parents et trouvait son père ivre. Mais avec l'aide du groupe et d'une association d'enfants d'alcooliques, elle garda son cap — ou, pour être plus précis, elle retrouva le cap après avoir connu bien des naufrages.

Par exemple, quand son père avait du mal à s'exprimer au téléphone, prétendant qu'il était enrhumé, Christelle répondait calmement : « Papa, tu me dis que tu n'as rien bu, mais je ne peux pas tenir une conversation avec toi. Je raccroche, au revoir. » Quand il était sobre, Christelle fit tout ce qu'elle put pour éviter toute affirmation culpabilisante *le* concernant (« Pourquoi tu nous fais subir cela ? ») ou concernant *quelqu'un d'autre* (« Tu te rends compte à quel point tu as fait souffrir Maman le week-end dernier ? »). Au lieu de cela, Christelle s'efforça de s'en tenir à des *affirmations en son nom propre* — des affirmations non accusatrices qui la concernaient personnellement.

Lors d'un week-end, par exemple, elle annula son projet de séjourner chez ses parents. A la place, elle alla passer la nuit avec ses enfants dans un motel voisin après le dîner parce que son père, à l'évidence, était sous l'influence de l'alcool. De façon discrète et calme,

Christelle expliqua à ses propres enfants pourquoi elle avait décidé de quitter la maison après le dîner.Plus tard la même semaine, voilà ce qu'elle dit à son père :

« Papa, je vais faire mon possible pour tenir mes engagements de ne jamais être là quand tu as bu. Ce n'est pas parce que je m'en moque. En fait, *cela me donne beaucoup de souci*..Je sais que je ne peux pas t'aider, mais cela me fait trop de mal de voir que tu as bu, et surtout cela me rappelle que peut-être cela va abréger ta vie. »

Quand son père se mit sur la défensive, l'accusant d'exagérer et de faire une montagne d'une taupinière, Christelle le laissa parler et dit : « Papa, je ne suis pas d'accord avec toi. A l'évidence, je prends le problème plus au sérieux que toi — et tu sais certainement quelles sont mes opinions : je crois qu'il faut que tu te fasses soigner. De toute façon, je suis trop tendue pour rester près de toi quand je te soupçonne d'avoir bu. Alors, même si je parais réagir de façon excessive de temps à autre, je vais continuer à ramasser mes affaires et à partir, comme je l'ai fait samedi dernier. »

L'épreuve

Dans un contexte émotionnel aussi chargé, il est extrêmement difficile de réfléchir au lieu de réagir, surtout quand les épreuves et les « contre-attaques » commencent à pleuvoir. Tard un soir, le père de Christelle l'appela d'une cabine, à vingt minutes de chez elle. Ce jour-là, il était en ville pour ses affaires, et, à l'évidence, il n'était pas en état de conduire jusqu'à chez lui. Immédiatement, Christelle téléphona à sa mère, qui devint hystérique et ordonna à Christelle d'aller chercher son père immédiatement, avant qu'il ne se tue ou qu'il tue quelqu'un d'autre. Mais Christelle — la situation s'était déjà produite — avait déjà dit à son père que cette fois, elle ne le sortirait pas de sa situation, parce que c'était trop dur pour elle, et que ce n'était pas un mode de relation acceptable.

A ce stade, Christelle était tellement angoissée qu'elle était devenue incapable de réfléchir calmement, ou de réfléchir tout court. Elle savait que cela ne servait à rien d'aider son père. En même temps, elle voulait réagir de façon responsable face à une situation de danger imminent. Elle appela alors le dirigeant du groupe des enfants d'alcooliques, ce qui lui permit de se calmer et d'échafauder un projet. Elle téléphona donc à la police pour leur expliquer la situation. Puis elle appela sa mère pour lui dire ce qu'elle avait fait. La police s'occupa de son père. Et Christelle commença à se préparer à la réaction volcanique qui n'allait pas tarder à se produire.

« Comment as-tu pu faire une chose pareille à ton père ? ? ! ! »

Et voilà. Contre-attaques, réactions « retour-arrière » font partie de notre lot lorsque nous modifions le rôle que nous jouons. Nous le savons, mais cela ne rend pas les choses faciles pour autant. Les deux parents de Christelle étaient furieux contre elle, prêts à la répudier ou presque. Ils l'agressèrent au téléphone de façon si violente que Christelle put à peine se retenir de raccrocher. Comment pouvait-elle humilier ainsi sa famille ? Se rendait-elle compte du mal qu'elle avait fait ? Et la réputation de son père, son casier judiciaire, son renom professionnel ? Et la grosse amende qui lui était infligée ? Quel genre de fille était-elle donc pour appeler la police contre son propre père ?

Christelle, au téléphone, sentit une telle montée de colère la submerger qu'elle comprit qu'il lui faudrait attendre un peu avant de réagir. Elle avait envie de hurler que ce n'était pas *elle* qui avait fait cela à son père, mais que c'était *lui* le responsable, et qu'il était bien fini, le temps où elle prenait ses responsabilités à sa place. Mais elle résista, car elle savait bien que cela ne ferait qu'aggraver la situation.

Christelle écouta aussi longtemps qu'elle le put. Puis elle dit à ses parents qu'elle devait raccrocher, mais qu'elle réfléchirait à ce qu'ils avaient dit et les rappellerait. « Ne te donne pas cette peine » : tels furent les derniers mots de son père, furieux. A l'évidence, cette fois, il n'avait pas bu.

Accueillir la violence avec de la violence ne fait qu'aggraver la situation. Christelle écrivit à ses parents une longue lettre bavarde qui commençait par un compte-rendu des exploits de sa fille sur le terrain de football. Puis, *dans un court paragraphe*, elle aborda le problème en évitant les longues explications et les justifications qui n'auraient fait que ranimer le feu. Christelle fut directe et factuelle. Elle ne dévia pas de sa ligne de conduite.

Pour commencer, elle s'excusait pour les problèmes, les amendes et l'humiliation qu'elle avait causés à son père en appelant la police, expliquant qu'elle n'avait certes pas eu l'intention de lui faire du mal ou de poser des problèmes à la famille. « Je n'avais pas le choix, tout simplement. Je ne pouvais pas aller te chercher, car je sais que lorsque je fais cela, je ne peux plus avoir avec toi une relation qui me soit acceptable. Et je n'allais tout de même pas ne pas réagir du tout, car je savais que tu étais en danger. Alors j'ai fait la seule chose qui me soit venue à l'esprit, et j'ai appelé la police. Honnêtement, je referais la même chose, car je ne crois pas qu'il y ait une autre solution. » Quand le frère aîné de Christelle monta au créneau lui aussi : *« Comment as-tu pu faire ça à papa »*, elle lui donna la même explication brève et précise.

La réaction de la mère

A la surprise de Christelle, ce fut sa mère qui réagit le plus violemment à son nouveau comportement. Et pourtant, c'était normal et prévisible. *Toute la famille* réagit mal quand un membre de la famille remet en cause un ancien système en agissant différemment de l'habitude. Il est bien compréhensible que la mère de Christelle se soit sentie particulièrement menacée parce que *le nouveau comportement de sa fille la mettait face à sa propre attitude (ou sa non-attitude) envers l'alcoolisme de son mari.* Cela remettait en cause sa croyance bien enracinée selon laquelle elle faisait tout son possible, et qu'aucune autre solution n'était envisageable.

Pendant ses longues années de mariage, la mère de Christelle avait consacré de plus en plus d'énergie à se concentrer sur l'alcoolisme de son mari, et de moins en moins d'énergie à sa propre vie et à la façon de l'améliorer. Elle sur-fonctionnait à la place de son mari (le sortant des situations difficiles et se montrant indulgente), et elle sous-fonctionnait pour elle-même (en négligeant de clarifier ses propres objectifs, en ne posant pas clairement les limites de ce qui était ou non acceptable pour elle face à l'alcoolisme de son mari et à l*a façon dont il le vivait*). Sachant que l'alcoolisme était une maladie, elle utilisa cette conviction pour ne prendre aucune position. *Elle n'avait adopté aucune ligne de conduite*, et s'était engagée dans d'interminables cycles de disputes, de jérémiades et de reproches. Mais elle était incapable de dire : « Voilà ce que je tolérerai et ne tolérerai pas dans cette relation. » La mère de Christelle était persuadée qu'elle ne pourrait pas vivre *sans* son mari, aussi ne pouvait-elle pas vivre de façon claire *à l'intérieur* de son couple.

La mère de Christelle proféra, de temps à autre, des menaces de divorce, mais ses ultimatums constituaient des positions de réactivité à des moments particulièrement difficiles (« Nom d'un chien ! Si tu recommences, je m'en vais ! »). Souvent, c'était l'expression du désespoir ou des tentatives de dernier recours pour faire changer son mari. *Une véritable ligne de conduite ne peut se construire qu'à partir d'une concentration sur soi-même, une conscience profonde (qu'il n'est pas question d'imiter, de prétendre ou d'emprunter) de ses propres besoins et des limites de sa propre tolérance.* Si l'on échafaude une ligne de conduite, ce n'est pas, en premier lieu, pour changer ou contrôler l'autre (même si au fond de nous ce désir est toujours présent), mais plutôt pour préserver sa propre intégrité, sa dignité et son bien-être. Il n'existe aucune ligne de conduite universelle, mais si nous n'en n'avons *aucune*, toutes nos relations (parent, enfant, collègue, ami, amant ou époux) deviendront fatalement chaotiques et finiront par se détériorer. Il en est ainsi quelle que soit notre conviction sur les origines du comportement de l'autre : la maladie, un environnement inadéquat, des gênes déficients, de la paresse ou de mauvais génies.

Depuis plus de quarante ans, la mère de Christelle prend part à une danse qu'elle joue avec son mari, et qui coûte cher à tout le monde. Elle s'est convaincue qu'elle avait tout essayé. La capacité de Christelle à dédramatiser son angoisse face à l'alcoolisme de son père, sa ligne de conduite à cet égard, ont entièrement remis en question les convictions de sa mère, ses idées et son comportement. En agissant ainsi, elle a remis en cause *la perception que sa mère avait de l'état des choses et de ce qu'elles devraient être.* Au plus profond d'elle-même, sa mère a senti chavirer ses sentiments sur sa *propre* maturité.

Les grands-parents maternels de Christelle avaient pour ainsi dire sacrifié leur vie pour leur fils, malade mental chronique, et s'étaient littéralement épuisés à tolérer des comportements aussi irresponsables qu'inacceptables, sans jamais établir de limites. Pour eux, c'était le même problème : ils n'avaient pas le choix (« Nous ne pouvons pas jeter notre fils à la rue ! ») et ils l'accusaient, lui ou son gêne déficient, de leur avoir gâché la vie. Assistance professionnelle et aide de la communauté n'existaient pas à l'époque, et les conseils qu'ils avaient reçus (« Chassez-le donc de la maison si c'est trop difficile pour vous ») ne leur avaient servi à rien.

La mère de Christelle reproduisait le schéma familial avec son époux et acceptait la « réalité » familiale (« Face à quelqu'un de malade, il est impossible d'adopter une ligne de conduite claire. ») Ainsi, elle pouvait renier la rage réprimée qu'elle éprouvait devant la situation de sa famille d'origine, qui s'était entièrement consacrée à son frère malade. *En reproduisant le même comportement*, elle se prouvait qu'on ne pouvait rien faire d'autre, qu'il n'y avait pas d'autre moyen. Inutile de dire qu'il est extrêmement difficile pour chacun d'entre nous d'établir des limites, des règles et des frontières solides si nos propres parents ont été incapables de le faire entre eux, avec nous ou avec un autre membre de la famille.

Plus nous avons d'informations sur notre histoire familiale au sens large, plus nous devenons capables d'apprécier l'importance du changement que Christelle était en train d'effectuer. On ne remet pas en question un héritage qui remonte à plusieurs générations sans éveiller un tumulte émotionnel. Il était prévisible que la mère de Christelle s'angoisse à propos du nouveau comportement de sa fille et exprime son angoisse en redirigeant sa colère et ses reproches vers Christelle. C'était l'affaire de Christelle de gérer les réactions de sa mère sans pourtant se fâcher avec elle ou se laisser ramener dans l'ancien schéma. Le vrai changement a lieu au moment où l'entourage avance ses contre-attaques.

Si seulement le changement pouvait se produire d'un seul coup, comme par magie — malheureusement, ce n'est pas ainsi. C'est un processus qui exige de nous que nous tenions bon. Après que Christelle eût appelé la police, l'angoisse de chacun était à son comble — on comprend aisément que Christelle ait eu du mal à garder le contact avec d'autres membres de la famille qui lui lançaient des agressions furieuses ou lui battaient froid. Si Christelle voulait sérieusement un changement réel et substantiel, il allait lui falloir devenir créative et imaginer un moyen de garder un contact raisonnable avec son père et sa mère, en se contentant de ne s'éloigner que temporairement, juste le temps nécessaire.

Si Christelle avait *effectivement* coupé les ponts, il aurait été impossible d'établir un schéma relationnel plus fonctionnel. Et si la contre-attaque de son père fut particulièrement spectaculaire (il eut un accident de voiture et en sortit blessé), l'angoisse et la culpabilité de Christelle à l'égard de sa nouvelle attitude auraient pu être impossibles à gérer si elle n'avait pas trouvé le moyen de garder un contact responsable. Même si le risque *réel* de blessure ou d'issue dramatique était encore plus grand avec l'ancien système, il faut bien en tenir compte.

Le plus important, c'est que la capacité à conserver un rapport responsable avec la famille et à définir une identité solide nous aide à apporter à nos autres relations une identité plus forte. Quand les relations familiales ont été particulièrement pénibles et quand il y a eu des séparations dans les générations précédentes, il n'est pas facile de garder le contact. *Mais c'est un marché de dupes que de s'éloigner ou se couper de membres de sa famille.* En effet, nous y gagnons en évitant les forts sentiments de malaise que le contact avec certains membres de la famille provoque immanquablement. Le prix à payer est moins tangible, mais il est indéniable. Le lien familial, même quand les rapports sont chargés d'angoisse et de difficultés, est une condition préalable et indispensable si nous voulons que nos autres relations soient déchargées des sérieux symptômes qui découlent de notre blocage familial, et qu'elles soient libres de toute angoisse et de toute réactivité. Plus nous avons tendance à juguler notre angoisse en nous séparant de membres de notre famille (au sens large), plus l'intensité dont nous nous sommes séparés rejaillit sur nos autres relations, en particulier avec nos enfants. Dans certaines situations, il faut des années pour trouver le bon moyen de renouer le contact avec un membre de la famille, mais si nous sommes capables de nous y engager tout doucement, au lieu d'accentuer encore la séparation, les bénéfices rejailliront sur nous et les générations suivantes.

L'histoire de Christelle a une fin que tout le monde appréciera. Au bout d'un moment, sa mère décida de demander de l'aide à l'extérieur quand elle comprit sa dépendance. Son père finit par *maîtri-*

ser son problème d'alcoolisme, et tous les membres de la famille finirent par établir entre eux des relations plus viables. Cela arrive parfois. Mais parfois aussi, tout se termine beaucoup plus mal. Le plus important, dans cette histoire, ce n'est *pas* les changements positifs que l'évolution de Christelle provoqua chez ses parents. En effet, Christelle a en fait défini une position responsable dans sa famille, pour elle-même — une position qui lui a permis de *s*'assurer une base solide dans toutes ses relations, et qui a optimisé les chances qu'avaient les autres membres de sa famille d'utiliser leur propre compétence.

Reste planté là ! Ne fais rien !

Après avoir lu l'histoire de Christelle, la meilleure chose à faire est *d'y réfléchir*. Il est fréquent qu'on essaie d'effectuer des changements qu'on n'est pas prêt à opérer, ou qu'on s'efforce d'affronter un gros problème avant d'avoir résolu d'autres problèmes, plus petits. Quand vous aurez lu le livre jusqu'au bout, vous serez capable de déterminer quels sont les changements que vous voulez opérer, le bon lieu et le bon moment. Car il n'est pas question de commencer par le plus difficile.

L'histoire de Christelle illustre le type de changement le plus difficile à réussir. Souvenez-vous qu'entre l' « avant » et l' « après » de son histoire, Christelle a eu la chance d'être aidée par son groupe de thérapie et par une association d'enfants d'alcooliques. Elle n'a pas décidé comme cela, sur un coup de dés, de changer sa situation vis-à-vis de son père. Pour tous, de tels changements exigent une longue préparation, une planification, de la pratique, et même parfois l'aide d'un spécialiste.

Mais vous pouvez vous servir de l'histoire de Christelle comme d'un tremplin pour réfléchir à notre propre mode de réaction face à une personne qui sous-fonctionne ou à une de nos relations les plus proches dont le comportement ne vous est pas acceptable. Nous allons en apprendre davantage sur la définition du soi au sein d'une relation, et sur ce qu'implique le fait d'avoir ou non défini une ligne de conduite. Pour l'heure, n'oubliez surtout pas que la patience est une priorité ; on n'apprend pas à nager simplement en plongeant du grand plongeoir.

L'histoire de Christelle nous donne à réfléchir, et *ses enseignements ne s'appliquent pas exclusivement à ceux qui ont un alcoolique dans leur famille*. Les changements accomplis par Christelle illustrent bien sa lutte pour *définir son identité* à l'intérieur d'un champ émotionnel et familial extrêmement tumultueux. Cette lutte est en fait un élément décisif de notre vie même. Et puisque nous ne pouvons pas arrêter les pendules, nous sommes obligés de mener nos relations vers plus d'identité ou moins d'identité.

Nous réussissons mieux notre vie lorsque nous sommes capables de rester raisonnablement en contact avec ceux qui sont importants pour nous, quand nous pouvons les écouter sans essayer de les changer, de les convaincre ou de les améliorer, quand nous sommes en mesure d'affirmer calmement notre vision des choses fondée sur la réflexion plutôt que sur des réactions instinctives. Notre vie s'améliore quand nous sommes capables d'affronter un problème important et de prendre une position claire plutôt que de compter sur le silence ou les reproches. Notre vie s'améliore quand nous avons défini une ligne de conduite claire (« Je ne peux pas ou je ne veux pas supporter ce type de comportement »), et non pas quand notre comportement signifie que nous acceptons tout. Enfin, tout va mieux quand nous sommes capables de dédramatiser notre angoisse à propos des problèmes de l'autre et de consacrer toute notre énergie à la clarification de nos opinions, de nos convictions, de nos valeurs et de nos priorités, tout en concevant des plans et des objectifs de vie cohérents.

L'histoire de Christelle illustre des aspects clés de la définition du soi. Mais elle ne suffit pas. Définir un soi complet et authentique, c'est également partager *aussi bien* nos côtés sous-fonctionnants et sur-fonctionnants avec ceux qui comptent pour nous au lieu de prendre part à des relations où nous nous consacrons sur le problème de l'autre sans partager les nôtres. Tous, *sans exception*, nous avons des forces et des compétences à côté de nos faiblesses et de nos incompétences, mais la plupart d'entre nous avons du mal à identifier et à exprimer ces deux côtés. C'est particulièrement le cas quand une polarité sur-fonctionnement/sous-fonctionnement se met en branle et que les protagonistes ne font que provoquer et encourager le comportement de l'autre.

Il fut aussi difficile pour Christelle de partager son côté sous-fonctionnant avec son père en lui disant : « Papa, j'ai un problème et j'aimerais bien savoir ce que tu en penses » que ce le fut pour son père d'exercer sa propre compétence pour arrêter de boire. Il est extrêmement ardu de modifier un comportement de sur-fonctionnement, et le prix que coûte le sous-fonctionnement est bien souvent dissimulé. Mais le défi vaut la peine d'être relevé, pour notre bien et celui de nos proches.

8

Comprendre le sur-fonctionnement

Ceux chez qui le *sous*-fonctionnement est chronique — les « sous-fonctionnants » — doivent changer, tout le monde le sait. Si nous sous-fonctionnons — comme le père de Christelle —, on s'occupe de nous, on nous envoie en thérapie, dans un centre ou à l'hôpital psychiatrique. Notre famille nous étiquette : nous sommes « le malade », l' « enfant gâté », « l'irresponsable », « le fauteur de trouble », « la brebis galeuse ». Notre entourage s'éloigne de nous ou au contraire s'occupe de nous de façon inutile. Et nous-mêmes nous persuadons parfois que nous sommes un véritable chaos émotionnel, alors que le reste de notre entourage, lui, a les affaires bien en mains.

En revanche, si nous *sur*-fonctionnons, nous croyons parfois dur comme fer que nous avons raison. A l'évidence, nous avons fait tout notre possible pour nous rendre utiles, et notre plus grande source de détresse, c'est l'autre — celui qui ne peut pas ou ne veut pas devenir quelqu'un de bien. Malheureusement, ceux qui nous entourent, bien souvent, encouragent une telle attitude qui ne tient compte que d'un côté de la situation. Ou bien ils font le contraire et nous accusent d'avoir « causé » le problème par notre comportement — ce qui est tout aussi peu objectif.

Tous, nous vivons des relations et des situations dans lesquelles nous sur-fonctionnons, et ceci ne pose pas nécessairement problème, surtout si nous sommes capables d'en prendre conscience et d'opérer un changement. Par exemple, un jour, votre fille vous appelle, en larmes, pour vous dire qu'elle a de gros problèmes professionnels. Au lieu de lui poser des questions — ou peut-être de lui faire part de votre propre expérience — vous essayez de lui remonter le moral, et lui donnez trois conseils. Plus tard, ce jour-là, vous réfléchissez à la conversation et comprenez qu'en réalité votre fille ne vous demandait pas votre avis, et que vous n'avez pas bien écouté. Alors vous rappelez le lendemain, juste pour savoir comment elle va. Vous lui posez des questions sur son travail, et vous lui dites combien vous êtes désolée qu'elle ait tant de problèmes.

Quand le sur-fonctionnement devient chronique et que nous y sommes *bloqués*, il nous est extrêmement difficile de changer. En effet, le sur-fonctionnement n'est pas seulement une mauvaise habitude ou une attitude faussée, un désir abusif de se rendre utile, ou un schéma comportemental provoqué par la vie en commun avec une personne qui, elle, sous-fonctionne de façon chronique, un alcoolique par exemple ; le sur-fonctionnement, comme le sous-fonctionnement, est un mode typique de gestion de l'angoisse qui naît de notre expérience dans notre famille d'origine et s'enracine profondément dans les générations précédentes. Cette réaction est presque instinctive, sans conscience, sans intention. Et elle peut nous bloquer considérablement.

Ceux pour qui la tentation du sur-fonctionnement est la plus forte sont les aînés ou les enfants uniques. La tendance sera accentuée si l'aîné a des frères ou des sœurs du même sexe que lui. Et elle sera particulièrement forte si l'un des parents n'a pas pu, pour des raisons physiques ou mentales, avoir une vie professionnelle satisfaisante. En effet, dans une telle situation, l'aîné se retrouve souvent dans une situation de sur-responsabilité familiale. Le sur-fonctionnement a une bonne image de marque (rappelez-vous ma sœur qui sut « naviguer » tout au long de la maladie de ma mère). Mais ceux qui sur-fonctionnent savent que leurs besoins et leurs problèmes sont bien souvent négligés, par leur entourage et par eux-mêmes. Il faut qu'ils tombent vraiment malades pour qu'on fasse attention à eux. Pour le sur-fonctionnant chronique, il faut parfois attendre une maladie physique ou mentale sérieuse pour qu'il accepte de ralentir et d'exprimer ses propres besoins. Et quand le sur-fonctionnant craque, il craque *pour de bon.*

Définitions des termes

Comme nous l'avons vu, le *sur-fonctionnement* peut se définir comme *le style qu'adopte un individu pour gérer l'angoisse et ses rela-*

tions en situation de stress. Si vous êtes un vrai sur-fonctionnant, vous identifierez facilement en vous-même les caractéristiques suivantes :

Les sur-fonctionnants...

- Savent ce qui est le meilleur, non seulement pour eux, mais aussi pour les autres.
- Ont tôt fait de conseiller, de résoudre les problèmes, de voler au secours de l'autre et de prendre tout en charge en situation de stress.
- Ont du mal à ne pas se mêler des affaires des autres et à les laisser lutter avec leurs propres problèmes.
- Essaient d'éviter de se préoccuper de leurs propres objectifs et de leurs problèmes en se concentrant sur ceux des autres.
- Ont du mal partager leur côté vulnérable et sous-fonctionnant, surtout avec ceux qui, à leur avis, ont des problèmes.
- Sont souvent qualifiés de personnes « fiables », de « fortes personnalités ».

Mais le sur-fonctionnement n'est pas qu'une façon de décrire le mode de défense de l'individu. Le sur-fonctionnement, (comme le sous-fonctionnement, d'ailleurs) c'est surtout *un schéma relationnel réciproque ou circulaire.* Pour peu que l'angoisse atteigne un niveau élevé, le schéma devient polarisé et bloqué, comme le montre l'exemple de ma sœur et moi. De ce point de vue, le sur-fonctionnement (comme le sous-fonctionnement) est un attribut d'un *système relationnel* qui ne peut pas être compris si on le sépare du contexte. Examinons de plus près ce mode de pensée.

La dépersonnalisation et le pseudo-soi

Le docteur Murray Bowen, fondateur de la théorie familiale systémique qui porte son nom, a décrit le premier le schéma réciproque du sous-fonctionnement et du sur-fonctionnement. Mais il parlait d'un processus conjugal banal dans lequel un des partenaires abandonne sa personnalité tandis que l'autre acquiert un pseudo-soi. La personne qui sacrifie son identité est le *sous-fonctionnant.* L'autre est le *sur-fonctionnant.* Comment fonctionne cet échange ?

Les couples qui s'associent et restent associés bénéficient généralement du même niveau d'identité et d'indépendance. Ce qui signifie que la quantité de »véritable identité », ou « identité solide » qu'ils ont tirée de leur famille et qu'ils investissent maintenant dans leur relation de couple reste pour ainsi dire inchangée. Nous pourrions également dire qu'ils ont le même niveau de maturité émotionnelle. Par exemple, le jour où Chantal (l'auteur de notre lettre à la rédaction) a épousé Henri, leurs « niveaux d'identité » pouvaient être représentés par une ligne horizontale (voir la figure A).

Figure A

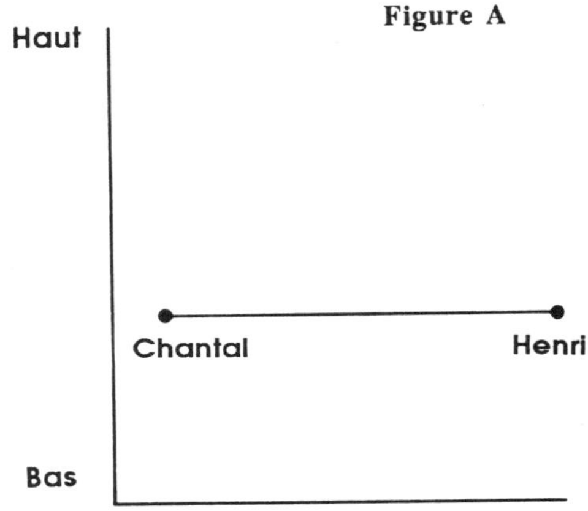

Quelques années plus tard, leurs « niveaux d'identité » sont représentés par quelque chose qui *ressemble* à la figure B.

Figure B

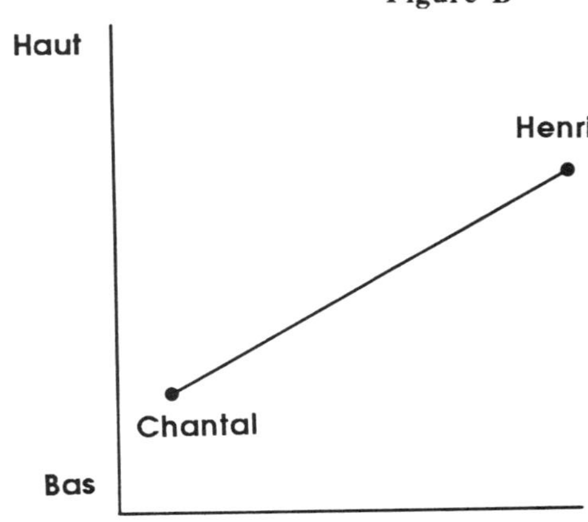

Avec le temps, Chantal a adopté le rôle de celle qui s'adapte et qui sous-fonctionne. Elle s'est pliée aux pressions conjugales et s'est mise à suivre le programme de l'autre. Elle est peut-être déprimée, elle n'a peut-être ni vie personnelle ni objectifs. Henri, en revanche, n'a peut-être aucun symptôme physique ou psychologique : il se peut même qu'il soit en passe d'obtenir une promotion professionnelle. Pour le monde extérieur, c'est lui qui *semble* avoir plus d'identité que son épouse, c'est lui qui fonctionne le mieux. Une telle polarité, avec le temps, peut devenir solidement enracinée. La réactivité de Henri au sous-fonctionnement de sa femme prendra peut-être alors la forme d'un éloignement rageur et/ou d'une hyper-concentration — mais dans tous les cas, il partagera moins avec elle ses propres problèmes et sa vulnérabilité (si jamais ce fut le cas un jour) et elle partagera moins avec lui sa force et sa compétence.

Cette différence dans les niveaux de fonctionnement, néanmoins, est plus apparente que réelle. En termes de systèmes, Henri a gagné en pseudo-soi ce que sa femme a perdu en dépersonnalisation. Elle a abandonné son soi, il a emprunté du soi. Si, par quelque effet magique ou tout simplement en y travaillant, Chantal devait changer et acquérir davantage d'identité, voilà comment on pourrait schématiser la situation :

Figure C

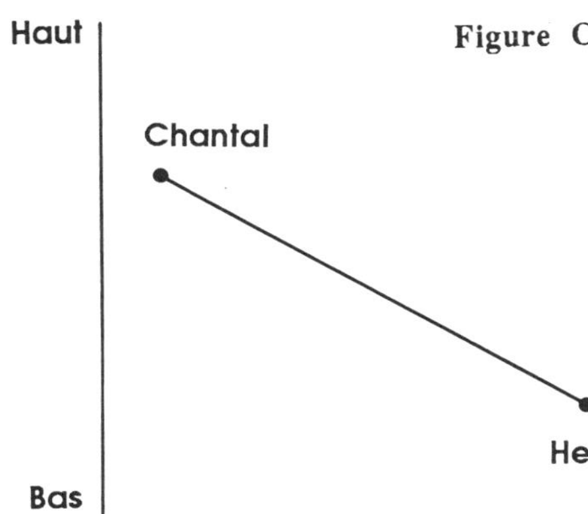

Avec l'amélioration de la situation de Chantal, peut-être Henri commencera-t-il à déprimer et à aller plus mal. Pour les psychothérapeutes, c'est une situation quotidienne et prévisible. On l'observe aussi au niveau social, c'est exactement ce qui s'est produit au moment des mouvements féministes : plus les féministes gagnaient du terrain, plus les mâles se plaignaient de se sentir impuissants et castrés. Non pas que le renforcement des femmes *se confonde* avec l'affaiblissement des hommes, mais plutôt que le pseudo-soi des hommes est remis en question quand les femmes ne veulent plus renoncer à leur identité.

Si Chantal se montrait capable de conserver un haut niveau d'identité (sans pour autant sur-fonctionner aux dépens de Henri), la situation représentée par la figure C ne resterait pas statique.Peut-être Henri finirait-il par réagir face aux réels changements accomplis par sa femme en acquérant une plus forte identité. Peut-être aussi, quelques années plus tard, Henri et Chantal se sépareront-ils...

Pourquoi changer ?

Chez le sur-fonctionnant, d'où vient l'énergie du changement ? Comme l'illustre l'histoire de Christelle, le changement peut être une affaire extrêmement difficile et soulever bien des angoisses. Bien souvent, la motivation manque ou s'épuise après le premier effort. C'est facile à comprendre. Où trouver le courage et la motivation de modifier notre sur-fonctionnement ? Pourquoi changer si nous tenons le haut du pavé sur le plan émotionnel, si nous pouvons contourner l'impact de nos problèmes en suspens en nous concentrant sur l'autre, si notre habitude de diagnostiquer les problèmes les autres et d'avoir « raison » nous donne la sensation d'être comme il convient, si nous sommes toujours celle *à qui* l'on parle (« Tu sais ce qu'a encore inventé ton frère ! ») et non pas celle *de* qui l'on parle.

Cruel dilemme. Le désir de *ne pas* changer est souvent particulièrement fort chez les sur-fonctionnants chroniques. En effet, ils ont tendance à ne pas percevoir leur problème : ils ont essayé de se rendre utile, ou bien, s'ils se sont séparés ou éloignés de quelqu'un, ils sont persuadés d'avoir tout essayé. Comme Christelle et sa mère, ils ne comprennent pas dans quelle mesure ils cotnribuent au douloureux blocage d'un schéma relationnel parce qu'ils n'imaginent pas (et ne veulent pas imaginer) un autre mode de relation. Parfois, ils sont même convaincus que l'autre ne pourrait pas survivre sans leur aide (« Ma sœur ne mangerait rien si je ne lui faisais pas ses courses. »)

En outre, ils ne savent *comment faire* pour changer de position. Il n'existe aucun guide, aucune carte routière, aucun professeur pour leur montrer comment passer les caps difficiles. En réalité, il est probable qu'ils ne se rendent pas réellement compte des difficultés que leur position peut provoquer si elle persiste.

Enfin, sur le plan émotionnel, il est *douloureux* de modifier un schéma de sur-fonctionnement chronique. Comme nous le verrons, cela peut provoquer de fortes sensations de dépression, d'angoisse et de colère au moment où vulnérabilités et besoins refont surface. Qui a envie d'une telle situation ? A l'évidence, on préfère éviter la douleur à court terme, même si elle porte en elle la promesse d'une identité plus complète et plus solide à long terme.

Et pourtant, certains d'entre nous trouvent la volonté de changer, comme le montre l'histoire de Christelle. Un tel changement exige de nous que nous allions contre notre propre volonté de nous occuper de tout, et notre désir encore plus fort de nous éloigner quand nous nous apercevons que certaines choses nous échappent. Mais sans doute l'aspect le plus difficile de la modification d'un mode de sur-fonctionnement est-il *le partage de notre vulnérabilité* avec celui qui sous-fonctionne, et *notre contact avec la compétence de cette personne.* Retournons en arrière, revoyons la fin de l'histoire de Christelle. Cela nous permettra de comprendre comment l'on peut procéder, et de mesurer l'intensité émotionnelle qu'un tel processus engendre.

Christelle, flash-back

Il y eut un nouvel incident, et Christelle fut à nouveau obligée d'appeler la police. Son père réagit en lui disant qu'elle était terriblement égoïste. Là, elle perdit le contrôle d'elle-même. A la séance de thérapie suivante, elle nous décrivit ses sentiments : « A ce moment-là, j'ai explosé. *Il* avait l'audace de *me* traiter d'égoïste ! Le culot de me dire que *je* faisais du mal à ma famille ! Là, vraiment, je lui ai tout jeté à la figure. Peu m'importait que la crise éclate, je ne pouvais plus le supporter. »

« La crise » fait partie intégrante du difficile processus de changement. Nous ne modifions pas notre rôle dans une relation bloquée sans de multiples retours en arrière. Le groupe sympathisa avec Christelle et sa réaction instinctive. Pour certains, c'était une bonne chose qu'elle ait pu donner libre cours à sa colère. Ce qui est plus important, cela permit à Christelle de reprendre sa croisade.

Un mois plus tard (et un an après son premier appel à la police), Christelle accomplit une action hardie et courageuse. Elle écrivit à son père une lettre qui comportait le message suivant :

> *« Papa, j'ai bien réfléchi à ce que tu as dit quand tu m'as traitée d'égoïste, et je suis parvenue à la conclusion qu'il y avait peut-être un peu de vrai. Effectivement, je* suis *en train de devenir plus égoïste. Pour être franche, c'est* exactement *l'objectif que je poursuis. Je trouve que j'ai passé trop de temps à regarder par-dessus mon épaule et à me faire du souci pour toi et ta sale habitude, ou bien pour Maman. Il me restait bien peu d'énergie à consacrer à ma propre personne et à mes objectifs de vie. En me concentrant sur* tes *problèmes, j'ai trouvé une bonne cachette, et cela m'a permis de ne pas regarder de trop près ma vie et mes propres problèmes. Aujourd'hui, je pense à* moi, *et je comprends qu'il y a bien longtemps que ma situation professionnelle ne me satisfait plus, et que je ne fais rien pour la changer. En même temps, cela me donne du courage de voir que je commence à y réfléchir. »*

Plus tard, lors d'une conversation avec son père, Christelle parla d'un problème spécifique que lui posait son travail, et lui fit part de ses indécisions professionnelles. Elle lui demanda s'il n'aurait pas des idées à ce propos, et si dans sa propre carrière il avait eu à faire face à des problèmes comparables. Comment avait-il orienté *sa* carrière ? Avait-il jamais pensé à changer ? Et les autres membres de sa famille ? Christelle fit comprendre à son père que tout ce qu'il pourrait lui confier sur son expérience pourrait lui être utile et l'aider à lutter de façon plus productive dans ses propres décisions. Plus tard, la même semaine, elle parla à sa mère des mêmes problèmes, et de ceux que sa famille à elle avait pu rencontrer dans ce domaine.

Peu de temps après, Christelle sombra dans la dépression. Elle avait beau dire que cette dépression lui était tombée dessus sans qu'elle s'y attende, ce n'était pas étonnant. En partageant avec son père ses *propres* sous-fonctionnements, Christelle bouleversait les rôles et les règles qui constituaient la réalité familiale. Elle changeait les règles de la danse en s'adressant à la compétence *de son père*, en s'intéressant à son échelle de valeurs, en affirmant davantage *son identité* au sein de la relation, et en cessant de faire comme si elle n'avait aucun problème. Par exemple, une de ces « réalités » familiales était que le père, l'alcoolique, le malade, ne pouvait pas supporter le fardeau des problèmes des autres membres de la famille et n'avait aucun conseil avisé à offrir. Une autre règle tacite était qu'il ne devait exister aucune relation réelle entre père et fille.

En invitant son père à se comporter comme un père, Christelle libéra un torrent d'émotions enfouies et de besoins de dépendance bien cachés en elle, des besoins et des attentes qu'elle avait pris soin de garder endormis en adoptant une attitude de sur-fonctionnement chronique et en se concentrant de façon excessive sur les problèmes des autres. La réaction positive de son père à ses confidences, paradoxalement, libéra une rage enfouie et une déception sur ce qu'elle n'avait pas pu obtenir de lui et de sa famille tout au long de vie. Sa première réaction viscérale fut de penser que, quoi qu'elle obtienne maintenant, cela ne suffirait pas, et ce serait trop tard.

Christelle ne pouvait pas comprendre pourquoi son nouveau comportement, et la réaction positive de son père, la rendaient encore plus malheureuse qu'avant. Néanmoins, sa réaction était prévisible et bien dans la ligne. C'est parce que le changement est souvent si difficile que beaucoup d'entre nous choisissons de persévérer dans nos vieilles habitudes.

D'un autre côté, les bénéfices à long terme sont importants si nous sommes capables de nous attaquer à ce travail et de garder le cap (ou, plus exactement, de retrouver le cap). Savoir partager sa vulnérabilité et retrouver le contact avec la compétence de l'autre : voilà qui est essentiel pour retrouver l'équilibre au sein d'une relation avec un être qui sous-fonctionne. Si nous ne sommes pas capables de le faire, il est probable que l'autre n'aura pas le courage de trouver l'énergie nécessaire pour sa propre évolution. Il lui faudra travailler deux fois plus, ne serait-ce que pour retrouver le contact avec sa propre compétence.

Plus important encore, ce travail nous permet d'évoluer vers une identité plus équilibrée, plus authentique. C'est notre meilleure assurance contre la poursuite de relations polarisées avec ceux qui entrent dans notre vie, et contre la transmission du schéma aux générations suivantes.

Enfin, si nous sommes capables de modifier un sur-fonctionnement chronique, nous retrouverons le contact avec ce que nous a coûté notre ancienne façon d'être. Le sur-fonctionnement est une attitude frustrante, épuisante, il nous met en colère, nous vide de notre substance (financière et émotionnelle). C'est extrêmement fatigant de passer sa vie à venir au secours des autres, à les sortir de l'embarras, de stimuler les autres ou de prêter plus d'attention aux problèmes des autres qu'aux siens propres. Et lorsque nous nous éloignons d'un autre membre de la famille qui a des problèmes, cela ne nous aide pas à nous sentir solides, responsables ou plus forts à long terme, quels que soient nos efforts pour nous convaincre du contraire.

Jusqu'à présent, nous n'avons examiné que le sur-fonctionnement/sous-fonctionnement chronique, c'est-à-dire un schéma bien établi et durable, enraciné depuis peut-être plusieurs générations. La résistance au changement est très forte, qu'elle vienne de l'intérieur ou de l'extérieur, et il faut bien souvent demander de l'aide à un spécialiste pour parvenir à diminuer notre réactivité, à observer le rôle que nous jouons dans la danse et pour garder le cap à long terme. Souvent, les sentiments violents qui sont éveillés par notre changement sont tellement difficiles à supporter que nous finissons par nous dire que nous ne voulons pas changer, que cela n'en vaut pas la peine, ou que c'est impossible.

Voyons maintenant l'histoire d'Anita, l'exemple-type d'un sur-fonctionnement **modéré** qui a trouvé sa pleine mesure à un moment particulièrement stressant du cycle de la vie familiale. Pour Anita, les changements furent relativement faciles parce que le blocage qui avait provoqué sa décision de suivre une thérapie ne datait que de quelques mois. Quand une relation est bloquée suite à une réaction violente à un stress récent, le changement est plus facile à opérer.

« Ma mère me cause bien du souci ! »

Anita a vingt-neuf ans, elle est infirmière dans un hôpital. Elle est venue me voir plusieurs mois après que sa grand-mère de soixante-dix-huit ans ait subi une grave chute. Anita, à l'évidence, était tendue et sous l'effet d'une pression intense quand elle entra dans mon bureau.

Lors de notre première conversation téléphonique, elle me dit qu'elle avait besoin d'aide à cause de migraines et de crises d'angoisse. Mais pendant la première séance, elle ne me parla pour ainsi dire que de sa mère, Monique, qui elle-même se consacrait presqu'exclusivement à sa propre mère souffrante, la grand-mère d'Anita.

Anita me confia qu'au début, elle s'était sentie solidaire du dévouement de sa mère, mais qu'avec le temps ce sentiment s'était transformé en une sorte de frustration, puis en une colère pure et simple. « Ma mère s'occupe de Mamie, mais c'est aux dépens de tout le reste. Elle s'épuise littéralement, elle néglige papa, et, surtout, elle se néglige. »

Quand nous déplorons que notre mère (ou une autre personne) refuse d'entendre raison, cela signifie généralement qu'elle ne voit pas les choses comme nous ou qu'elle ne fait pas ce que nous voudrions qu'elle fasse. Comme dans l'histoire de Suzanne et de Jean, (chapitre 6), un des problèmes clés était la réactivité aux différences. A l'évidence, Anita avait bien du mal à accepter le fait que l'attitude de sa mère face à une situation difficile n'était pas la même que la sienne. Notre réactivité aux différences sera toujours accentuée aux moments les plus pénibles de notre cycle de vie (un mariage, un enterrement par exemple) parce que l'angoisse est l'énergie qui met en branle la réactivité.

Depuis qu'Anita est adulte, elle et sa mère ont eu une relation très intime, parlant de façon ouverte et sincère. Leur relation n'était pas excessivement polarisée, car chacune pouvait confier ses problèmes et établir le contact avec la compétence de l'autre pour résoudre ses propres difficultés. Mais quand, après la chute, la santé de la grand-mère commença à se détériorer, Anita se concentra sur l'attitude de sa mère face à une situation difficile. Ce fut pendant cette période particulièrement angoissante que la tendance d'Anita à sur-fonctionner prit son essor, et qu'on assista à un blocage — un de plus — de la relation mère-fille.

Au bon vieux temps…

Les mois qui suivirent la chute de la grand-mère, l'interaction entre Anita et sa mère se fit de plus en plus tendue. Monique se plaignait à Anita de son épuisement perpétuel, et du fait qu'elle était seule à prendre en charge sa mère. Anita, alors, suggérait des moyens de la soulager ; par exemple, en demandant à d'autres membres de la famille de l'aider, ou en engageant une infirmière qui s'occuperait de Mamie pendant quelques heures par jour. Monique réagit soit en ignorant les conseils, soit en expliquant à Anita pourquoi son idée était mauvaise. Anita continuait à avancer ses arguments, Monique continuait à ne pas écouter.

Que fit Anita ? Parfois, elle recommençait à donner des conseils, bien qu'elle vît que sa mère ne s'en servait pas. Au bout d'un moment, elle s'éloigna de sa mère (« Je ne supporte plus de l'entendre se plaindre alors qu'elle ne veut rien faire pour améliorer la situation »), ou bien elle intrerprétait et diagnostiquait le comportement d'Hélène (« Maman, à mon avis, au fond de toi, tu prends plaisir à être une martyre et à te montrer hyper-responsable. Tu passes ton temps à me demander mon avis, mais tu le rejettes automatiquement : cela me met en colère, j'ai l'impression d'être impuissante »). A chaque fois que, toutes les deux, elles parvenaient à s'écarter du sujet « Mamie », la conversation devenait superficielle.

Bien qu'Hélène se sacrifie pour sa mère, en réalité, en termes de résolution de problème, elle sous-fonctionne. Plus Anita prend à son compte le problème de sa mère, plus elle le prend à cœur, plus Monique sous-fonctionne. Bien sûr, son comportement n'a fait qu'engendrer celui d'Anita, et inversement. C'est le cas type de la danse circulaire.

A la troisième séance, je posai à Anita la question suivante : « En ce moment, quelle quantité d'énergie émotionnelle investissez-vous chez votre mère ? » Je la priai d'être aussi précise que possible ; je voulais un pourcentage.

Elle me répondit sans hésiter : « Environ 75 %. » A mon avis, elle était en-deça de la vérité.

« Si ce problème trouvait une solution magique, s'il n'y avait plus aucune raison de vous faire du souci, où investiriez-vous ces 75 % d'énergie ? Qu'est-ce qui vous préoccuperait ? »

« Je ne sais pas, répondit Anita, tout simplement. Je n'y ai jamais réfléchi. »

Effectivement...

Comment le sur-fonctionnement peut nous aider

Une chose est certaine : lorsque nous nous *concentrons sur les autres*, quelle que soit notre méthode, cela nous permet d'éviter la confrontation de plein fouet avec nos propres problèmes. A l'évidence, le déclin de sa grand-mère et sa mort imminente remuèrent chez Anita beaucoup d'émotions. Quel type de relation Anita souhaitait-elle entretenir avec sa grand-mère à l'époque ? Dans quelle mesure avait-elle envie de garder le contact ? Existait-il entre Anita et sa grand-mère un quelconque problème en suspens, qu'Anita aurait eu envie de résoudre avant qu'il soit trop tard ? Si Mamie mourait demain, Anita serait-elle en paix avec cette relation, ou regretterait-elle de ne pas avoir dit ou fait telle ou telle chose ? Telles sont quelques-unes des questions qu'Anita pouvait *contourner* — ou tout au moins *minimiser* — en ne pensant qu'à Monique, en se faisant du souci pour elle et en parlant d'elle à son thérapeute, à sa famille et à ses amis.

En outre, la situation soulevait le délicat problème de l'attitude des enfants face au vieillissement de leurs parents et à leur éventuelle dépendance. Devant le dévouement sans condition de Monique à sa mère, Anita éprouvait de l'angoisse, car elle en concluait que sa propre mère s'attendait à ce qu'*elle fasse la même chose pour elle*. Pour Anita, l'idée d'être un jour obligée de sacrifier *sa* vie pour sa mère âgée ou son père était une source de peur et de colère, même si aucun de ses parents n'avait jamais exprimé de telles attentes. Anita non plus n'avait jamais réfléchi, même toute seule, à ces questions. Alors, au lieu d'y penser, elle réagit en tentant de s'éloigner de sa propre angoisse et en se concentrant de façon critique sur le problème de sa mère. Voilà comment cela fonctionne. Maintenant, voyons comment l'on peut changer cela.

Une nouvelle démarche

Pour commencer, Anita cessa de donner des conseils. C'est particulièrement difficile pour ceux qui ont tôt fait de vouloir tout arranger et de voler au secours de tout le monde que d'apprendre à *ne pas* aider. Bien sûr, *si* les conseils d'Anita étaient utiles à Monique, ou *si* Anita comprenait que ses conseils ne convenaient peut-être pas à sa mère (« Voilà ce que je ferais à ta place, mais peut-être que cela ne te convient pas. Qu'en penses-tu ? »), il n'y aurait aucun problème.

Les conseils qu'Anita donnait venaient d'une attitude de sur-fonctionnement et d'hyper-responsabilité. Elle était sincèrement convaincue d'avoir toutes les réponses au problème de sa mère, et se mettait en colère quand elle ignorait son opinion.C'est pour cela qu'il fallait qu'Anita cesse de prodiguer des conseils, au moins tant qu'elle n'était pas capable d'adopter une position plus respectueuse envers les besoins réels de sa mère.

Quand nous sur-fonctionnons en lieu et place des membres de notre famille, nous pouvons être assurés qu'ils vont réagir en sous-fonctionnant et devenir moins compétents quand il s'agira de résoudre leurs propres problèmes. En outre, Anita sait déjà que sa mère ne suit pas ses conseils. En continuant, elle ne fait qu'accentuer le blocage de la situation.

Une fois Anita prête à briser l'ancien schéma, elle put cesser d'essayer de changer sa mère et commencer à modifier ses propres réactions. Quand Monique téléphona pour se plaindre que la maladie de la grand'mère l'épuisait, Anita posa des questions et écouta attentivement. Elle s'abstint de tout conseil. Une telle attitude exprimait le respect d'Anita envers le fait que sa mère était la seule personne à pouvoir résoudre son propre problème, et qu'elle était en proie à un déchirant dilemme.

Attention : s'abstenir de conseiller ne veut pas dire qu'il faut se taire !

Que font les sur-fonctionnants quand ils sont gagnés par la colère, la frustration et l'épuisement ? Comme nous l'avons vu, ils ont une réaction typique, c'est-à-dire qu'ils prennent leurs distances. Il ne s'agit pas seulement de distances physiques (« Plus jamais je ne l'appellerai, plus jamais je ne lui écrirai ») mais de distances émotionnelles à propos de tout ce qui touche au problème crucial. Christelle, par exemple, au début, confondait distance et changement en profondeur lorsqu'elle essayait de résoudre le problème d'alcoolisme de son père en faisant comme s'il n'existait pas.

Il est absolument capital, si nous tenons à mieux définir notre identité, de clarifier nos positions sur tous les problèmes importants. Anita l'apprit en décidant *d'affirmer quelque chose sur sa propre identité plutôt que d'essayer de résoudre les problèmes de sa mère.* Après une conversation téléphonique durant laquelle Monique, une fois encore, se plaignait de son épuisement et de ses angoisses, Anita répondit : « Tu sais, Maman, je suis admirative devant ce que tu fais pour Mamie. Moi, à ta place, je n'en serais pas capable. Je ne pourrais pas m'empêcher de demander de l'aide et de prendre du temps pour moi, quoi qu'il en coûte. »

Sa mère réagit en énumérant une douzaine de raisons pour lesquelles il lui était impossible de se faire aider, et Anita ne discuta pas. Elle se contenta de redire : « Tu sais Maman, je ne pourrais pas faire ce que tu fais. Je ne suis pas en train de dire que j'ai la réponse à ton problème, simplement que je serais incapable d'en faire autant pour qui que ce soit, même s'il s'agissait de la personne que j'aime le plus au monde. Même physiquement, je crois que je n'en serais pas capable. Mais il faut reconnaître que nous sommes différentes. »

Anita garda le cap, même si bien souvent elle dut se mordre la langue pour ne pas retomber dans ses vieilles tendances à conseiller et à discuter. Plusieurs semaines plus tard, au déjeuner, Monique confia à Anita qu'en s'occupant de sa mère, elle mettait en danger sa propre santé. A ce stade, Anita se tourna vers elle et dit chaleureusement : « Maman, tu sais que j'ai toujours admiré ton sens du dévouement. Tout ce que tu donnes aux autres, cela me surprend toujours. Tu t'es occupée de trois enfants, de Papa. Et quand l'oncle Harry avait des problèmes, tu as été la première à t'occuper de lui. Et maintenant, c'est le tour de Mamie.

Il n'y a qu'un problème. Qui s'occupe de toi ? C'est cela qui me préoccupe. Qui s'occupe d'Hélène ? »

A ce moment, les larmes vinrent aux yeux d'Hélène, et Anita, tout à coup, se rendit compte qu'elle n'avait jamais vu pleurer sa mère. Monique dit à Anita qu'en réalité, personne ne s'occupait beaucoup d'elle, et qu'en plus, si quelqu'un voulait le faire, elle ne le supporterait vraisemblablement pas. Elle parla un peu de son enfance et de son père, qui était mort prématurément. Depuis lors, elle avait l'impression qu'on ne peut compter sur personne. Quand elles se séparèrent, ce jour-là, Anita connaissait un peu mieux sa mère.

Si cette conversation put avoir lieu, c'est qu'Anita était devenue capable de partager avec sa mère ses véritables préoccupations sans revenir à sa vieille manie de sur-fonctionnement (le même mode de fonctionnement que sa mère), en cessant de conseiller, d'aider et de vouloir résoudre les problèmes. Anita partagea un peu d'elle-même, sans jamais dire ce qu'Hélène devrait faire, ressentir ou penser. Peu de temps après, sa mère put commencer à utiliser ses propres compétences pour changer la situation. La solution ne faisait pas partie de celles qu'Anita aurait préconisées, mais elle soulagea quelque peu Monique.

Chez Anita, le changement n'était pas seulement un glissement stratégique de langage, le fait de dire « je ». C'était beaucoup plus profond que cela, cela venait d'une conscience de plus en plus forte que nous ne pouvons pas savoir à coup sûr ce qui est bon pour l'autre — ce qu'il peut ou ne peut pas supporter, ce qu'il doit faire, quand et pourquoi il doit le faire. En fait, il est déjà bien difficile de le savoir pour soi-même.

Le plus difficile

Dans le cas d'Anita, le défi de partager ses angoisses et ses problèmes avec la personne sur laquelle elle s'était concentrée auparavant, à savoir sa mère, était relevable, parce que toutes deux avaient établi, avant la crise, une relation ouverte et souple. Un jour d'automne, elles étaient toutes deux assises sur un banc, au parc. Anita commença à raconter à sa mère les émotions qu'avaient éveillé en elle les récents événements. Mère et fille purent discuter de leurs réactions face à la mauvaise santé de Mamie, et elles pleurèrent ensemble. Le partage de l'émotion est tout le contraire de la réactivité émotionnelle, qui est une réaction engendrée par l'angoisse. Anita demanda également à sa mère, *directement*, si elle, Monique, attendrait de ses enfants le même dévouement quand elle serait vieille. L'angoisse d'Anita se trouva fortement soulagée quand elle fut capable d'en parler avec sa mère ; elle n'avait plus besoin de tourner autour du pot de ses fantasmes et de ses peurs.

Faciles à mener, ces conversations ? Certainement pas. Mais ce fut plus facile pour Anita que pour beaucoup d'entre nous, parce que le blocage relationnel qui l'avait conduite en thérapie était une réaction violente face à l'angoisse engendrée par les problèmes de santé de la grand'mère. Avant cette crise, Anita et sa mère avaient une relation mûre et souple, où chacune savait préserver son identité. Elles pouvaient s'écouter mutuellement *tout en gardant leur propre soi*, sans essayer de tout résoudre à tout prix, sans s'inquiéter des différences. Elles étaient capables de se conseiller et de parler, quand il le fallait, mais chacune avait également la possibilité de faire appel à la compétence de l'autre pour trouver des solutions à ses propres problèmes. Elles pouvaient affirmer leur propre position sur tous les problèmes, tout en laissant l'autre exprimer la sienne. Ainsi, le changement put se faire sans trop de douleur, ce qui ne veut pas dire, pour Anita, que ce fut chose aisée.

En période de forte angoisse, tous, nous pouvons nous trouver bloqués dans une position où nous nous concentrons de façon excessive sur quelque chose. Parfois, il s'agit d'une réaction temporaire et limitée, comme chez Anita ; parfois aussi, cela peut devenir une véritable polarisation sur-fonctionnement/sous-fonctionnement, comme dans la famille de Christelle. Parfois aussi, nous nous retrouvons à mi-chemin entre l'aigu et le chronique.

Dans ma famille d'origine, ma sœur Susan et moi participions à une telle polarisation, liée à un véritable problème de survie. Pas étonnant qu'aujourd'hui, trente ans plus tard, il nous arrive encore de retomber dans nos anciens schémas sans qu'il soit nécessaire que l'angoisse soit à son comble. Toutes deux, nous avons fait des efforts pour comprendre nos rôles respectifs, mais la tentation est grande. Si le niveau d'angoisse familiale avait été encore plus fort et avait duré plus longtemps, et si notre famille avait disposé de moindres ressources émotionnelles pour gérer son angoisse, le défi aurait été encore plus grand pour nous deux.

Bien sûr, il existe chez moi quelques zones de sur-fonctionnement, et chez Susan quelques « poches » de sous-fonctionnement. Même si chacun obéit à un style dominant, nous gérons l'angoisse différemment en fonction du contexte et des circonstances, du type de relation et du problème posé. Par exemple, telle femme sur-fonctionnera au travail et sous-fonctionnera dans son couple. Ou bien elle adoptera un comportement de distanciation chronique envers son père, et au contraire cherchera à se rapprocher des hommes dans le domaine sentimental. L'expérience de ma sœur avec David (voir chapitre 4) est loin d'exprimer une contradiction ; bien au contraire, elle illustre parfaitement le fait que l'éloignement d'une femme envers son père (ou plus précisément, les problèmes en suspens et les émotions soigneusement dissimulées) peut provoquer l'angoisse au sein d'autres relations importantes.

L'angoisse est un concept clé si nous voulons comprendre les blocages relationnels, nos résistances au changement (et celles des autres), et la proportion de changement que nous sommes capables de supporter. Nous avons vu que l'angoisse peut nous enfermer dans des situations relationnelles polarisées, qu'elle peut bloquer toute communication créative et empêcher la résolution des problèmes, qu'elle peut aussi rendre impossible toute intimité. L'angoisse nous guette, elle est partout, elle se transmet verticalement de génération en génération et horizontalement tout au long des événements de la vie et dans les moments difficiles. Comme l'illustrera l'exemple suivant, un *sujet* spécifique peut être porteur d'une telle angoisse qu'il est pénible d'en parler de façon ouverte et déférente. Si un sujet est trop difficile à aborder, nous choisissons parfois le silence aux dépens d'une véritable relation — ou bien nous avons la sensation d'avoir à choisir entre la relation et notre identité.

9

Les problèmes douloureux : le processus du changement

Que doit faire une fille face à sa mère ?
Alors qu'elle est la prunelle de son œil ?
Doit-elle exposer le ver qui est dans le fruit,
Au risque de la bouleverser ?
Ou bien l'aider à nier la vérité ?
« La chanson de la fille »

Quand me suis-je trompée ?
Suis-je la responsable ?
Que lui ai-je fait
Pour qu'elle en arrive là ?
Comment est-ce arrivé
Cela n'est pas possible !
Qu'elle soit aussi... différente de moi ?
« La chanson de la mère »
Paroles de Jo-Ann Krestan

Trois semaines avant le mariage de sa sœur aînée, Chloé prit l'avion de Montpellier à Mulhouse, elle alla voir ses parents et leur avoua qu'elle était lesbienne. Marie, son amie depuis trois ans, l'accompagnait à l'occasion de cet aveu. Le père de Chloé réagit comme si on l'avait giflé. Il ne dit rien, mais sortit de la pièce. Sa mère se mit à pleurer puis à décocher une série de questions accusatrices : « Pourquoi nous le dire ? » « Comment peux-tu rester là, tranquillement assise, et me dire que tu es homosexuelle ? » « As-tu pensé à te faire soigner ? »

Toutes les tentatives que fit Chloé pour se défendre furent vaines. Au bout de dix minutes d'une telle scène, elle dit à sa mère qu'elle et Marie n'avaient aucune envie de se faire insulter, et qu'elles iraient dormir chez une amie. Chloé laissa le numéro de téléphone de l'amie sur la table de la cuisine, avec un message demandant à ses parents d'appeler quand ils seraient prêts à discuter du problème de façon civilisée. Elle attendit en vain. Elle rentra à Montpellier et décida qu'elle refuserait de reconnaître l'existence de ses parents si ces derniers n'acceptaient pas son amie et ne respectaient pas son choix de vie. Elle décida aussi de ne pas assister au mariage de sa sœur, « en partie pour des raisons financières », dit-elle. Elle avait déjà dépensé bien assez d'argent pour aller voir sa famille.

Environ six semaines plus tard, elle se radoucit. Elle décida de redonner une chance à ses parents. Elle rassembla une petite documentation sur les problèmes de l'homosexualité et l'envoya à Mulhouse, avec une lettre qui offrait la réconciliation et exprimait son désir de voir ses parents lire la documentation, abandonner leur attitude hostile et se montrer mieux informés.

Les parents de Chloé ouvrirent le paquet, le refermèrent aussitôt et le réexpédièrent sans un mot. Néanmoins, ils lui envoyèrent une carte d'anniversaire le mois suivant, avec quelques mots : « Baisers de papa et maman », mais sans la lettre et le cadeau qui, chaque année, accompagnaient la carte. A ce stade, Chloé se décréta orpheline et décida qu'elle n'avait plus besoin de ses parents.

Depuis plusieurs années déjà avant l'aveu, le « jour J », comme elle disait, Chloé avait eu envie de parler à ses parents, et surtout à sa mère, de son homosexualité. Bien qu'un thérapeute qu'elle consultait à l'époque lui eût conseillé de *ne rien* dire (« Vos parents ne vous racontent pas leur vie sexuelle. Pourquoi avez-vous une telle envie de leur parler de la vôtre ? »), Chloé se sentait irrépressiblement poussée à l'aveu. Elle savait qu'en gardant un tel secret vis-à-vis de sa famille, les relations avec ses parents ne pourraient que demeurer distantes et superficielles, teintées de silences et de mensonges. Ce silence avait également un effet pervers sur sa relation de couple avec Marie.

Le secret de Chloé ne se limitait d'ailleurs pas à des questions de sexualité. En effet, son identité en tant que lesbienne recouvrait également ses premiers engagements émotionnels, son choix de vie strictement féminin, ainsi que tous les détails quotidiens de la vie, du plus petit au plus grand : avec qui elle passait ses vacances, ses loisirs, son rôle d'organisatrice au sein d'un groupe de lesbiennes... Les effets à long terme de ce secret empêchaient non seulement tout contact émotionnel authentique avec la famille, mais minaient chez Chloé son respect de soi et son sens de la dignité. Ils amoindrissaient également son énergie et sa joie de vivre (c'est toujours le cas quand on a un secret) de façon insidieuse, nuisant ainsi à sa relation avec Marie.

La décision de Chloé était courageuse. Ce qui ne signifie pas que la décision contraire aurait manqué de courage. Comme je l'ai déjà dit, nul ne peut prévoir les conséquences du changement — pour soi-même, et à plus forte raison pour les autres. Nous ignorons quelle proportion de changement est tolérable pour un individu à un moment donné, quelle proportion d'angoisse il est capable de supporter. Nous ne pouvons pas connaître vraiment l'histoire de l'autre. Pendant des années, Chloé avait *résisté* aux pressions de ses amies qui voulaient qu'elle parle. *Sa résistance, elle aussi, était un acte de courage*, car Chloé, ainsi, reconnaissait qu'elle n'était pas prête au point de vue émotionnel, ni préparée à faire un tel aveu.

L'aveu : un problème de femme

Regardons d'un peu plus près la situation de Chloé. En effet, *la question de l'aveu est un problème qui touche de près toutes les femmes.* Toutes, nous avons avec nos familles des problèmes épineux bien difficiles à affronter. Alors, nous sommes face à un choix entre authenticité et harmonie au sein d'une relation donnée. Toutes, nous devons faire face à des contre-attaques et à des réactions « retour-arrière » — de l'intérieur et de l'extérieur — si nous définissons notre « je » en dehors des rôles et des règles de la famille et de la culture. Et toutes, en vertu de notre statut de femme, nous avons appris qu'il faut se faire aimer et protéger nos relations en faisant taire notre soi, en le sacrifiant et en le trahissant.

L'expérience de Chloé va nous permettre d'approfondir un certain nombre de leçons que nous avons déjà apprises sur la définition du

« soi ». Son histoire nous enseigne ce à quoi nous devons nous préparer lorsque nous *aborderons un problème émotionnel grave* et essaierons de le résoudre avec ceux qui nous sont proches. Elle nous rappelle *le dilemme des différences* qui nous menacent tout en nous apprenant beaucoup — et qui, implicitement, remettent en question les ressemblances présumées. Le sujet de l'homosexualité féminine est une question suffisamment lourde pour qu'il soit particulièrement représentatif de ce dilemme des différences.

Souvenez-vous que les questions particulièrement difficiles au plan émotionnel peuvent prendre toutes les formes. Certains problèmes, l'inceste par exemple, sont évidents pour tout le monde. D'autres questions, de l'extérieur, *paraissent* moins graves (« Maman, j'ai décidé de ne plus aller à l'église ») ; et pourtant, vécues de l'intérieur, elles peuvent paraître complètement insupportables à un individu bien précis dans une famille donnée. Pour Adrienne, les faits et les sentiments qui entouraient la décision de placer Grégoire dans une institution en faisaient une question particulièrement délicate à aborder. Pour Chantal, notre épistolière du chapitre 2, le fait d'affirmer devant son mari qu'elle continuerait à lire son magazine était l'équivalent d'un aveu et présentait des dangers considérables. Parfois, une simple question directe (« Papa, comment est mort l'oncle Guillaume ? ») peut mettre des années à être formulée.

Pourquoi nous préoccuperions-nous *d'appréhender* un problème épineux dont personne ne veut parler ? Pourquoi *partagerions-nous* ou *demanderions-nous* quelque chose qui nous paraît constituer pour notre famille une véritable bombe émotionnelle ?Souvent, nous refusons tout bonnement de le faire. Mais il arrive aussi que ce refus ait des conséquences graves sur la façon dont nous vivons notre identité, notre estime de soi et notre sens de la valeur, ainsi que notre capacité à nouer avec ceux qui nous sont proches des relations véritablement intimes. Là encore, toute l'intensité émotionnelle engendrée par une relation familiale ne s'évanouit pas si nous choisissons de la traiter par le mépris, la distance ou la séparation. Elle ne fait que se camoufler.

Comment alors aborder un sujet difficile en faisant en sorte que l'issue soit heureuse et jette les bases d'une plus forte intimité ? Comment éviter une confrontation qui ne ferait que provoquer davantage de réactivité et d'éloignement ? Telles sont les questions que ne se posa pas Chloé avant de prendre l'avion et d'annoncer la nouvelle à ses parents.

« Le jour J » nouvelle version

Ce fut neuf mois après le jour J que Chloé entra en thérapie. La carte d'anniversaire de ses parents constituait la dernière communication entre eux, et Chloé était encore furieuse contre leur réaction. Elle vint me voir parce qu'on lui avait dit que j'étais spécialiste de la colère — et elle était effectivement en colère. En même temps, elle n'avait pas de motivation pour renouer le contact avec sa famille. Elle voulait simplement sortir de sa colère, quelle que soit la signification de cette formule — et, de préférence, sans avoir à *agir* de façon différente avec les personnes concernées.

Elle me raconta qu'elle avait avoué son homosexualité à ses parents dans l'espoir d'établir avec eux une « véritable relation », plutôt que de conserver une relation d'hypocrisie et de distance. Mais au lieu d'évoluer vers davantage d'intimité, la relation, au contraire, s'était considérablement détériorée, et on en était à la guerre froide. A quel processus assistions-nous — ou n'assistions-nous pas ?

Oui, il s'agit *bien* d'un processus !

Intellectuellement, Chloé savait bien que cela ne marcherait pas. Et pourtant, elle considérait son aveu comme quelque chose qu'elle allait faire d'un seul coup (« Voilà, c'est fait ») et *non pas comme le premier petit pas d'un processus à long terme*. Elle confondait la réaction *première* de ses parents avec ce qui pourrait résulter de ses efforts, mais beaucoup plus tard. En fait, elle ne parvenait même pas à analyser de façon objective son *propre* processus. Bien des années s'étaient écoulées entre le moment où, *pour la première fois*, Chloé avait reconnu sa propre différence et ses « mauvais » penchants et celui où elle avait pleinement accepté son attirance émotionnelle et sexuelle pour les femmes.

Comme nous l'avons vu, la réponse prévisible à un changement d'importance est une angoisse accrue, suivie de contre-attaques

(« Redeviens ce que tu étais, ou sinon... »). Si nous sommes bien déterminées, nous devons *prévoir* les contre-attaques et *nous préparer à gérer la réactivité qu'elles engendreront immanquablement.* Les contre-attaques (« Ce n'est pas possible ! », « Comment peux-tu être aussi égoïste ? ») ne signifient pas que nos efforts vers le changement soient mal conduits, ou constituent des échecs. Elles signifient simplement que le processus du changement est en train de suivre son cours normal. Il est de notre devoir de tenir le cap face aux contre-attaques, sans pour autant adopter une attitude défensive, sans nous efforcer de convaincre les autres de penser autre chose ou de ressentir autre chose, et surtout sans couper les ponts.

Compter sur les contre-attaques

Martine avait vingt-six ans lorsqu'elle vint me consulter. Elle me dit qu'elle avait le sentiment de se dévoiler lorsqu'elle confiait ses problèmes à sa mère. Dans sa famille d'origine, Martine avait toujours été étiquetée ; c'était « le petit soleil ». Aussi loin que remontaient ses souvenirs, elle avait été la « toujours-contente » qui ne donnait aucun souci à sa mère, contrairement à son père qui était un joueur invétéré et qui se lançait toujours dans des affaires risquées. *A l'évidence, au moindre signe de détresse de sa fille, la mère réagissait de façon excessive et se montrait incapable de reconnaître la compétence de Martine à gérer les tristesses et les moments difficiles que la vie nous réserve à tous.*

Le tout premier souvenir de Martine, c'est un retour du jardin d'enfants. Elle rentrait à la maison avec une grosse envie de pleurer parce qu'on s'était moqué d'elle. Elle n'avait qu'une envie : rester seule dans sa chambre, mais sa mère était venue la voir et l'avait tarabustée pour savoir ce qui se passait, dans un effort désespéré pour lui rendre sa gaieté. Au bout d'un moment, bien sûr, la petite pleurait de plus belle, et sa mère en faisait autant.

Je découvris alors que le frère de la mère de Martine s'était suicidé avant d'avoir trente ans, et que deux autres membres de la famille avaient présenté des symptômes de syndrome maniaco-dépressif. Dans cette famille, un des problèmes cachés était la peur qu'avait la mère d'avoir transmis le « gêne de la dépression » ou le

« gêne du suicide » à sa fille. C'était le rôle de Martine de ne jamais montrer qu'elle était triste afin de *ne pas* causer de souci à sa mère.

Quand Martine commença la thérapie, elle était dans une situation de polarisation avec l'amant avec lequel il vivait. Ce dernier était en pleine dépression. Martine *se concentrait sur lui* et *sur-fonctionnait* à son propos. Il lui fallut plus de deux ans de thérapie pour comprendre l'héritage familial et la signification de la dépression dans son contexte de famille. Elle était alors prête à partager avec sa mère une partie de ses vulnérabilités.

Au début, pendant plus d'un an, la mère de Martine s'arrangea pour écarter ou minimiser les confidences de sa fille, changeant de sujet à chaque fois que Martine lui montrait un peu de son aspect sous-fonctionnant. Petit à petit seulement, les lignes de la commmunication s'ouvrirent et on put aborder les sujets de la dépression et du suicide. Même aujourd'hui, quatre années plus tard, la mère de Martine, en période de forte angoisse, retourne à ses vieilles habitudes (« Si tu dormais un peu plus, tu serais moins triste ! ») et Martine réagit en la taquinant gentiment. Pour l'extérieur, le changement de Martine était minime (« Dire à ta mère que tu as passé une semaine épouvantable, ce n'est pas la mer à boire ! »). Mais pour elle, le changement était gigantesque parce qu'elle avait toujours sur-fonctionné. La première étape l'aida à modifier cette situation de sur-fonctionnement avec son amant, et à augmenter sa capacité d'intimité.

Si Martine avait cessé de penser aux objectifs à long terme, jamais elle n'aurait gardé le cap. Si elle avait voulu tout bouleverser d'un seul coup (par exemple, au moyen d'une grande discussion avec sa mère) au lieu d'avancer *lentement* et *discrètement* en se préparant aux inévitables contre-attaques, jamais elle n'aurait réussi le moindre changement.

Une résistance de l'intérieur

Si Chloé choisit de couper les ponts, c'est *en partie parce qu'elle n'avait pas vraiment envie d'affronter le problème de son homosexualité.* Sa résistance était tout à fait normale et s'exprima dans sa décision de s'auto-déclarer orpheline après avoir reçu la carte d'anniversaire. Etant donné le contexte, cette carte constituait de la part de ses parents un pas petit mais important vers le rapprochement — et Chloé réagit par la colère et l'éloignement. *Cette réaction était une contre-attaque de Chloé envers le changement.*

Par nature, les graves problèmes ne sont pas facile à affronter. Non seulement nous devons définir clairement notre propre position, ce qui, dans le cas de Chloé, impliquait l'acceptation de son statut d'homosexuelle, avec ses joies et ses peines, mais aussi écouter attentivement les réactions de *l'autre sans trop nous préoccuper des différences* et sans nous précipiter pour tout changer ou tout arranger. Cela signifie que nous devons garder le contrôle sur notre réactivité.

Quand Chloé se décida *enfin* à affronter le problème avec sa mère, elle eut bien du mal à supporter calmement les réactions maternelles de déception et de chagrin. Ces réactions étaient entièrement prévisibles, car sa mère avait toujours professé des attitudes négatives vis-à-vis de l'homosexualité. Il est vrai que dans notre culture où la mère est si importante, il n'est pas étonnant que la mère de Chloé se soit réveillée au milieu de la nuit en s'accablant de culpabilité et en s'accusant d'être la cause de la « maladie » de sa fille.

Mais ce n'était pas si simple. La mère de Chloé faisait le deuil des générations à venir, de ses illusions sur sa fille et la vie qu'elle imaginait pour elle. Cette prise de conscience de la différence profonde de sa fille lui apparut, au premier abord, comme une rupture avec sa projection dans le futur, « la fin d'une lignée », comme elle le disait. Mais finalement, il fallait qu'elle puisse identifier et exprimer ces sentiments. Si elle avait réagi de façon hypocrite pour montrer son libéralisme (« Aucune importance, nous t'aimons pour ce que tu es, ma fille. »), mère et fille auraient perdu l'occasion d'aborder le problème qui se posait à elles et de parvenir à un dialogue plus approfondi et plus authentique.

Chloé et sa mère ne purent parler ensemble qu'après que Chloé fut capable, calmement, d'inviter sa mère à partager ses réactions avec elle (« Maman, quand tu as appris que j'étais lesbienne, qu'est-ce qui a été le plus difficile pour toi ? ») et de l'écouter patiemment sans se mettre sur la défensive, sans critiquer ses positions. Au début, cela se fit par correspondance ; cela permit d'accorder aux deux parties un peu de temps et d'espace nécessaires pour retrouver une certaine sérénité et réfléchir. Plus tard, la mère de Chloé lui confia qu'elle aimerait bien jeter un coup d'œil à la documentation qu'elle lui avait envoyée.

Creuser les fondations

A la première révélation de son homosexualité, Chloé connut un départ très difficile. En effet, elle aborda le sujet dans un contexte de distance émotionnelle avec ses deux parents. En fait, avant le jour J, elle n'avait jamais abordé avec eux aucun problème personnel. Bonnes nouvelles (quand elle organisa une soirée poésie à l'université), mauvaises nouvelles (quand elle sortit indemne, mais sévèrement choquée, d'un accident de voiture), Chloé ne partageait rien avec sa famille. L'éloignement était de rigueur.

Comme je l'ai déjà dit, on n'apprend pas à nager en sautant du grand plongeoir. C'est particulièrement vrai quand il s'agit de graves problèmes émotionnels. Avant d'aborder une *grave question*, il faut s'entraîner en abordant les petites questions, puis les questions « moyennes ». Parfois, il faut plusieurs années avant que nous soyons capables de discuter de la pluie et du beau temps avec l'autre.

A la vitesse de la tortue

Plus le problème est grave, plus la distance est importante, *plus le changement est lent*. Par exemple, il y a bien des années, j'ai commencé à travailler avec Régine, qui était venue me consulter parce qu'elle n'arrivait pas à jouir lors de ses relations sexuelles avec son petit ami. Elle liait le problème à une histoire d'inceste qui avait commencé lorsqu'elle avait onze ans. Pour être précis, elle avait pris part à des jeux sexuels — qui, deux fois, avaient abouti à la pénétration — avec son frère qui avait sept ans de plus qu'elle.

Pendant les deux premières années de sa thérapie, Régine travailla à réfléchir à cet incident et à le replacer dans un contexte familial plus large. L'inceste faisait partie d'un certain nombre d'événements qui avaient eu lieu dans la famille après une période difficile de deuils successifs et une disparition mystérieuse dans la famille éloignée. Régine, à ce moment, commença à se documenter sur l'inceste et décida de s'inscrire à un groupe de femmes victimes d'inceste. La troisième année, elle fut capable d'essayer un premier rapprochement avec le frère. Elle commença par envoyer une carte de Noël, puis une carte d'anniversaire à ses enfants. Un an après, elle lui fit une courte visite et déjeuna chez lui. Ils passèrent deux heures ensemble. Cette visite fut précédée par une atroce migraine, et suivie par d'épouvantables douleurs lombaires — peut-être son subconscient disait-il à Régine qu'elle en faisait trop, que c'était trop tôt.

Bref, il fallut des années avant que Régine rétablisse avec son frère un lien suffisant pour qu'ils puissent ensemble parler du problème de l'inceste. Régine commença par lui écrire une lettre, lui disant qu'elle avait réfléchi à bien des événements familiaux pénibles de son enfance, à commencer par ce qui s'était passé entre eux, et qu'elle voulait lui parler de cela. Puis elle alla le voir et aborda le sujet directement, lui demandant comment, à son avis, une telle chose avait pu arriver. Pourquoi était-ce arrivé ? Comment l'analysait-il ? Y pensait-il encore ? Quelle influence cet événement avait-il eu sur lui ?

Régine s'était préparée au pire (« Il aurait pu nier et me dire que j'étais folle ») et avait réfléchi à la meilleure réaction à adopter dans une telle situation. Mais il n'en fut rien. Pour finir, elle fit comprendre clairement à son frère qu'elle luttait encore avec cette partie de son passé. Elle lui dit qu'elle était en thérapie depuis plusieurs années, qu'elle essayait de surmonter et de comprendre ce qui s'était passé, et lui confia que l'inceste continuait à amoindrir son estime de soi et à influencer ses relations avec les hommes.

Plus tard, Régine et son frère purent parler ensemble de la famille et du contexte troublé dans lequel s'était produit l'inceste. Mais Régine ne céda pas d'un pouce sur le terrain de la responsabilité individuelle. Quand son frère lui dit : « Tu n'as rien fait pour m'arrêter », elle lui dit comment elle voyait les choses. « Ecoute, cela fait des années que je me bats avec ce problème et que je culpabilise. Ce n'est pas moi qui ai commencé — j'avais onze ans, tu en avais dix-huit. Pour moi, la différence est de taille. Je plaide formellement non-coupable, même si c'est encore difficile pour moi ». Plus tard, elle lui écrivit une lettre d'explication :

> *« Je sais que ce qui nous est arrivé ne s'est pas produit comme cela, dans le vide. J'ai longuement réfléchi à tout ce qui était arrivé dans notre famille quand l'inceste a commencé. J'ai aussi réfléchi à ce qu'est l'éducation des*

> *hommes dans notre société. On leur apprend à dominer les femmes et à les considérer comme des êtres qui existent pour eux, sexuellement et dans les autres domaines. Je sais que cela fait partie du paysage. Mais je voudrais qu'une chose soit bien claire : je considère que tu étais entièrement responsable de tes actes. Si je nie cela, ou si j'essaie de réprimer la colère que j'éprouve encore contre toi, ce sera encore plus difficile pour moi de rétablir avec toi une relation quelconque. Même si c'est extrêmement douloureux, ce le serait plus encore pour moi de vivre comme si je n'avais pas de frère.* »

Si l'inceste avait été perpétré par le père de Régine, l'angoisse aurait été plus forte encore, et Régine aurait évolué encore plus lentement. Il lui aurait fallu plus de temps en thérapie pour analyser son traumatisme et comprendre qu'il s'était produit dans un plus large contexte familial. Quand l'angoisse est très forte, il est indispensable de *ne bouger qu'à la vitesse de la tortue*. Loin de correspondre à un manque de force ou de persévérance, bouger lentement — et même dans certains cas, ne pas bouger du tout — peut être indispensable pour préserver et protéger le bien-être et l'identité du soi.

Retour aux sources

Est-il indispensable, ou même utile, d'analyser un événement traumatisant et de retrouver la source d'un grave problème ? Pourquoi est-il impossible d'y parvenir dans un environnement de sympathie et de coopération, un goupe de thérapie par exemple ? Le groupe est lieu où l'on commence — et parfois où l'on finit. Il peut constituer une aide considérable. *Néanmoins, je suis persuadée qu'à long terme nous réusssirons mieux si nous sommes capables d'évoluer lentement vers un contact soigneusement préparé, et, plus tard, de déterrer le problème avec l'autre*. Les générations qui suivent auront tout à y gagner.

Prendre un problème à sa source est également capital lorsqu'il s'agit de la mort de certains membres de la famille. Mon amie Dorothée a perdu son père à l'âge de huit ans. Dans sa famille, on en parlait comme d'un surhomme. Elle se le représentait sur écran géant, technicolor, toutes imperfections éliminées. Evidemment, tous les hommes qu'elle approchait lui paraissaient décevants comparés avec cet homme idéal. Il y a deux ans, Dorothée a renoué le contact avec sa tante et ses oncles paternels, et s'efforce d'acquérir de son père une vision plus équilibrée, plus objective, avec ses faiblesses et ses forces. Toutes les histoires qu'on lui a racontées, ainsi que ce qu'elle a appris de sa vie, l'ont poussée à considérer son père comme une véritable personne, et non plus comme une image d'Epinal définie par les mythes familiaux et par les projections et les désirs inconscients de Dorothée. Cela n'a pas été facile pour elle de garder le contact avec sa famille paternelle, car la relation évoquait pour tout le monde le souvenir de son père. Mais ainsi, elle est capable de garder un contact émotionnel avec son père et de poursuivre le processus de deuil de façon productive.

Dans la mesure où nous sommes capables d'évoluer lentement *vers* les problèmes émotionnels de notre famille, et non pas de nous en éloigner, nous évoluons vers une identité plus solide, et une perspective plus objective des autres. Quand il s'est produit des événements douloureux, quand l'intensité a été gérée au moyen de la distanciation ou de la séparation, le mot « lentement » est particulièrement important parce que nous devons commencer par un rapport viable avec certains membres de la famille avant même d'aborder un sujet difficile.

Ce que Régine a fait n'est pas possible pour tout le monde. Même avec l'aide d'un spécialiste, un tel projet peut n'être ni réaliste, ni désirable pour certains d'ente nous. Au bout du compte, nous sommes les seuls à pouvoir juger pour nous-mêmes et à savoir ce que nous pouvons supporter. Comme toujours, il vaut mieux ne rien faire *avant* d'être parvenu à juguler notre réactivité.

Jugulez la réactivité. Stimulez la réflexion

Lorsqu'on passe aux aveux personnels (comme Chloé et Martine), ce n'est pas aussi difficile que d'affronter un autre membre de la famille sur un terrain aussi grave et aussi tabou que l'inceste. Mais pour Chloé, dévoiler son homosexualité était très difficile. Néanmoins, elle ne fit aucun effort pour mieux communiquer avec ses parents avant de passer aux aveux. Elle en avait beaucoup parlé avec ses amies, mais quand l'énergie lui vint, elle agit de façon impulsive, sans jamais considérer le choix qu'elle avait (le choix du bon moment, par exemple) ou prévoir les fortes réactions que son aveu allait déclencher.

Se poser les bonnes questions

Il m'était dévolu d'aider Chloé à *penser* à son dilemme plutôt que d'y *réagir.* Souvent, les thérapeutes utilisent *l'interrogatoire* non seulement pour obtenir des informations et pour s'efforcer de concevoir et d'affiner des hypothèses portant sur la signification des comportements, mais aussi pour stimuler chez le patient sa capacité à examiner le problème dans son contexte, pour juguler la réactivité, et enfin pour aboutir à de nouvelles options de comportement. Voici un petit échantillon des questions que j'ai posées à Chloé, et qui l'ont aidée :

Quand vous êtes-vous avoué à vous-même que vous étiez lesbienne ? Que signifie ce mot pour vous, aujourd'hui, et autrefois ? Et pour les autres membres de la famille, quelle est sa signification ? Combien de temps vous a-t-il fallu pour accepter votre propre identité en tant que lesbienne, et combien de temps faudra-t-il aux autres membres de la famille, de façon approximative ? A votre avis, quels sont les membres de la famille qui auront la réaction la plus violente ? Quels sont ceux qui accepteront la nouvelle le plus rapidement ? Le moins rapidement ?

Connaissez-vous quelqu'un dans votre famille proche ou étendue qui ait eu un tel secret à avouer ? Si oui, comment a-t-il été reçu ? Y a-t-il eu dans votre famille des cas d'exclusion ou de déni pour cause de différence ?Votre famille a-t-elle jamais été exclue de sa communauté ? L'arbre généalogique familial comporte-t-il des ruptures ? Si oui, quelles en furent les circonstances ?

Comment avez-vous décidé le moment de votre aveu ? Pensez-vous que la réaction de vos parents aurait été différente un an auparavant ? Et un an plus tard ? Si Marie n'avait pas été avec vous, vos parents vous auraient-ils écouté davantage, ou moins encore ? Comment, à votre avis, votre aveu va-t-il influer sur votre relation avec les membres de la famille, à court terme et à long terme ? Quelle influence votre aveu a-t-il eu sur votre relation avec Marie ? Quels sont les facteurs qui vous ont poussée, volontairement ou non, à ne jamais parler de votre couple ?

Cet échantillon illustre bien le type de questions qui provoquent la réflexion plutôt que la réactivité. Même si ce n'est pas facile, nous pouvons apprendre à imaginer de telles questions, pour nous-mêmes et pour les autres. *Les questions accroissent notre capacité de réflexion et nous permettent de replacer le problème dans un contexte plus large.* Ceci nous permet de retrouver un peu de calme avant de replonger dans notre environnement d'angoisse, et de poursuivre notre analyse en nous concentrant davantage sur nous-mêmes.

Une question de timing

En réfléchissant davantage, Chloé fit le lien entre le mariage imminent de sa sœur et sa propre impulsion irrésistible de sauter dans un avion avec son amie pour faire éclater la vérité. Ainsi, elle mit à nu un problème émotionnel grave dans un contexte émotionnel intense, celui du mariage de sa sœur, engendrant à coup sûr une réactivité accrue, même de sa part.

Mais quel était le rapport exact entre le mariage imminent et le besoin irrépressible d'aveu de Chloé ? « La concurrence, je suppose, répondit Chloé, en toute honnêteté. J'avais sans doute du mal à supporter que tout le monde ne parle que de ce mariage. » Chloé, à ce moment, était prête à faire son examen de conscience, et elle parla comme si l'aveu était bien difficile à faire : « Le mariage par-ci, le mariage par-là — partout, toujours, ce mariage. »

Les sentiments de Chloé étaient parfaitement normaux. La jalousie et la sensation de concurrence, surtout envers ceux qui nous sont proches, est un fait courant dans la vie émotionnelle. Le problème n'était pas là. Le problème, c'était son incapacité à reconnaître ses sentiments et l'angoisse qu'ils provoquaient ; c'est cette incapacité qui l'a poussée à sauter dans un avion avec Marie. Elle aborda ses parents dans un état de besoin de reconnaissance accru de la part de ses parents qui accordaient toute son attention à sa sœur, elle ne pensait plus qu'à obtenir d'eux une réaction bien précise, sans vraiment penser à elle.

Quand nous nous définissons une nouvelle position dans une relation, nous devons nous concentrer sur ce que nous voulons dire sur notre identité, et pour notre identité. Nous devons cesser de nous concentrer sur la réaction ou la contre-attaque de l'autre, cesser d'espérer une réaction positive à tout prix. Cet objectif, nous ne l'atteignons jamais parfaitement, mais dans le cas de Chloé, elle n'avait pas creusé les fondations qui lui auraient permis de l'atteindre mieux.

Les sentiments doivent nous guider

Pour Chloé, ce fut douloureux de reconnaître son sentiment de rivalité par rapport à sa sœur. Plus précisément, elle eut du mal à faire face à sa colère envers un monde qui célèbre, honore et fête le mariage hétérosexuel sans jamais reconnaître ou légitimer l'union homosexuelle. Il est parfaitement normal que le mariage de sa sœur, qui, en plus, devait être célébré dans le faste, éveille de tels sentiments. Mais la décision de Chloé de ne pas assister au mariage (qu'elle tenta de rendre rationnelle en arguant de motifs financiers) ne firent que confirmer sa situation d'exil par rapport à sa famille, et ne résolut rien. Plus tard, Chloé put écrire à ses parents et à sa sœur pour s'excuser de son absence en une telle occasion. Elle expliqua à sa sœur que le fait de vivre, de son côté, une relation clandestine, l'avait empêchée de réfléchir comme il l'aurait fallu. Ses excuses furent les bienvenues. Au risque de paraître triviale, j'ajouterais qu'apprendre à dire « Je suis désolée » est un pas de géant si nous voulons juguler l'intensité émotionnelle et modifier une *quelconque* relation.

Les « sentiments négatifs » de Chloé, qu'au départ elle reniait, finirent par lui servir de guide et de stimulation pour marquer sa vie d'une pierre blanche. Avec Marie, elles décidèrent d'organiser leur cérémonie personnelle pour fêter leur union, en présence de leur communauté et de celles qui leur étaient chères. Ses parents et sa sœur avaient été invités, mais avaient préféré s'abstenir.

Aucun membre de la famille n'a encore atteint le stade d'acceptation que Chloé souhaiterait. Son père et sa mère persistent à affirmer que jamais ils ne considéreront sa sexualité et son mode de vie comme normaux. Mais il n'y a pas de rupture, et la communication reste ouverte. Chloé et Marie sont invitées aux réunions de famille, comme un couple, et les membres de la famille savent tous que Marie n'est pas la meilleure amie de Chloé, mais sa compagne dans la vie. Dans certaines familles, il faudrait dix ans pour atteindre un tel stade. Dans d'autres, une vie n'y suffirait pas.

Se dévoiler ou rester cachée ?

Comment réagissez-vous à l'histoire de Chloé ? Certaines d'entre nous considéreront sa décision d'avouer comme un acte de dignité et de courage. Pour d'autres, ce sera un acte immature et égoïste qui aura causé une peine inutile à sa famille. Quel est votre avis ?

Inutile d'être homosexuelle pour mesurer à quel point le prix à payer peut être élevé. Par ailleurs, la décision de rester caché peut aussi coûter très cher, même si le coût en est moins apparent. Dans ce cas, pas de persécution, pas de rejet spectaculaire. On ne se fait pas renvoyer de son emploi, on n'est pas trahi par son meilleur ami, désavoué par sa propre famille, on n'est pas privé de la garde de son enfant. Mais les coûts, même s'ils sont difficiles à identifier et facile à nier, n'en sont pas moins insidieux. SI l'on ne se dévoile pas — n'oublions pas que parfois, c'est un choix obligé — on conservera une sensation de malhonnêteté, de tromperie et de doute de soi qui amoindriront notre estime de soi, et nous pousseront à nous mépriser. Si l'on se tait, cela modifiera le tissu même de nos relations et la qualité de notre vie quotidienne. Ni l'intimité, ni l'identité ne peuvent s'épanouir dans une atmosphère de secret et de silence.

Le problème de la révélation n'est pas spécifique à l'homosexualité, même si les homosexuels sont particulièrement vulnérables à la discrimination et à l'isolement. Le thème de la révélation traverse toute notre vie. Chacun de nous doit lutter, consciemment ou inconsciemment, avec son désir de rester fidèle à lui-même, en privé comme en public, et son envie d'amour, d'approbation, de validation et d'appartenance. C'est un combat que nous pourrons jamais vraiment conclure, mais sur lequel nous pouvons travailler — à notre manière et à notre rythme — dans une multitude de contextes, et tout au long de notre vie.

Et si on passait aux triangles ?

Quand nous pensons à l'intimité (ou à l'absence d'intimité), nous avons tendance à penser en termes de *dyades*. Mais *aucune* relation importante entre deux personnes n'est exempte de toute influence et de toute gêne provenant d'autres problèmes relationnels avec une tierce personne. Une pure relation à deux, c'est une utopie.

En plus, c'est une utopie d'importance. Si, par exemple, la mère de Chloé essaie de parler ouvertement avec sa fille de l'homosexualité, on peut espérer que les problèmes en suspens qui existent dans son couple ou dans sa relation avec sa propre mère ne viendront pas fortement influencer, de façon inconsciente, le processus de communication. On peut aussi espérer que toutes deux sont capables de résoudre leurs problèmes en se libérant de l'influence de tous ceux qui s'en mêlent (la sœur de Chloé conseille sa mère sur la meilleure façon de maîtriser Chloé ; Marie, furieuse, dit à Chloé que si ses parents ne l'acceptent pas totalement, elle refusera de mettre les pieds chez eux). Enfin, on peut espérer que les problèmes relationnels vont rester à l'intérieur de la relation concernée, et non pas être détournés par une tierce personne (si la mère de Chloé craint que sa mère ou son mari ne l'accuse d'être responsable de l'homosexualité de sa fille, elle parlera du problème directement avec sa mère ou son mari, plutôt que de réagir de façon instinctive avec Chloé).

On peut *espérer* tout cela, mais malheureusement, cela ne fonctionne pas ainsi. Comme nous allons le voir, c'est le *triangle*, et non pas la dyade, qui est l'unité de base du fonctionnement émotionnel humain, particulièrement en situation de stress.

10

Epinglez les triangles

Quand vous entendez le mot « triangle », à quoi pensez-vous ? Pour la plupart d'entre nous, le « triangle éternel », c'est l'histoire du ménage à trois. Effectivement, les liaisons amoureuses sont une forme extrêmement fréquente de triangle, qu'il s'agisse de couples homosexuels ou hétérosexuels. Le couple d'Adrienne et de Frank, par exemple (chapitre 5), représente le cas type où le triangle — dans ce cas, sa liaison réelle à lui, et son détachement à elle — contourne les problèmes conjugaux par l'intermédiaire d'une tierce personne. Une liaison calmera la personne qui éprouve le plus d'angoisse ou de frustration et stabilisera le couple jusqu'à ce que le secret soit dévoilé.

Après cela, les problèmes relationnels demeurent parfois brouillés, car toute l'émotion se concentre tellement sur l'abus de confiance qu'il est difficile pour chacun d'examiner le rôle qu'il joue dans l'éloignement conjugal qui existait déjà avant la liaison. Celui qui *a eu* la liaison — dans le cas présent, l'homme — a parfois du mal à prendre ses responsabilités (« Elle était tellement occupée avec les enfants, tellement peu intéressée par le sexe que j'ai trouvé quelqu'un avec qui j'avais l'impression d'être séduisant. »). Parfois, l'autre, celle qui a été « trahie », se polarise sur la trahison, au point qu'elle est incapable de penser à elle et de travailler à ses propres problèmes. A moins qu'elle ne détourne une bonne partie de sa rage vers l' « autre », qui n'est pas, en règle générale pas la véritable source de la trahison.

Les triangles sont une réaction naturelle à l'angoisse, c'est pourquoi les liaisons commencent souvent à des périodes d'angoisse ou à des dates anniversaires. *Il* entreprend une liaison peu après la crise cardiaque de son père, ou au moment où sa femme approche son trente-deuxième anniversaire, l'âge qu'avait sa mère quand elle a abandonné le domicile. *Elle* entreprend une liaison quand son fils aîné atteint ses onze ans, l'âge qu'avait son frère quand on lui a diagnostiqué une tumeur au cerveau. Même quand nous ne pensons pas consciemment à ces dates anniversaires, notre inconscient s'en charge. Bien sûr, les liaisons ne sont qu'une sorte de triangle. Comme nous le verrons, les systèmes humains ont d'infinies possibilités, si bien que nous nous trouvons toujours à la pointe d'un triangle.

Un triangle par alliance

« Quand j'ai épousé Robert, m'expliqua Julie, nous aurions dû nous installer à l'autre bout du monde pour nous éloigner de sa mère Simone. » Elle poursuivit en me décrivant Simone comme la belle-mère la plus insupportable, une femme fouineuse et exigeante qui ne faisait qu'empirer depuis qu'elle avait « perdu » son fils lors de son mariage. Simone insistait pour que Robert et Julie passent tous les Noëls et tous les Thanksgiving chez elle. Les week-ends, elle avait invariablement besoin de Robert au jardin ou pour des tâches ménagères. Julie et Robert étaient d'accord pour dire qu'elle ne supportait pas qu'on lui refuse quoi que ce soit.

Un an après leur mariage, l'intensité négative avait atteint son maximum entre Julie et sa belle-mère. Les deux femmes se supportaient à peine, bien que chacune s'entende à merveille avec Robert, qui faisait d'épuisants et inutiles efforts pour aider les deux femmes de sa vie à mieux se comprendre. Julie critiquait sans cesse Simone devant Robert (« Ta mère est la personne la plus exigeante - et la plus manipulatrice que j'aie jamais rencontrée ! ») et devant tous ceux qui voulaient bien l'écouter. Simone, de son côté, se gardait de critiquer ouvertement sa belle-fille devant Robert, mais ses sentiments négatifs étaient évidents.

Le triangle par alliance par excellence. La relation entre Robert et sa mère — *le véritable siège du problème* — demeure sereine, car toute l'intensité, maintenant, fait rage entre Julie et Simone. En fait,

Robert ne *sait* même pas qu'il en veut à sa mère, il est bien trop occupé à venir à son secours pour répondre aux critiques de sa femme. Grâce au triangle, Robert et sa mère évitent d'avoir à trouver le délicat équilibre entre autonomie et rapprochement à l'intérieur de leur propre relation.

En outre, *les problèmes conjugaux eux aussi sont camouflés,* car Julie, ainsi, n'est pas confrontée aux problèmes que la loyauté de Robert pourrait lui poser eu égard aux limites et aux frontières qu'il aurait dû établir autour de leur couple. Elle accuse la mère (« Cette femme agit comme si elle allait avoir une crise cardiaque à chaque fois qu'elle se sent exclue ») plutôt que de mettre Robert en face de ses problèmes de façon ferme et cohérente (« Robert, cela fait deux mois que les travaux traînent, et j'aimerais vraiment que tu t'en occupes avant de faire le jardin de ta mère. » Ainsi, Julie évite d'avoir à prendre une position claire face à son mari à propos de ses propres attentes. Elle évite également de mettre Robert à l'épreuve dans une lutte à la loyauté entre sa mère et sa femme, car l'isSuzie lui fait peur.

L'éloignement de Julie par rapport à sa famille d'origine est un autre carburant pour ce triangle. En effet, en se mariant, Julie espérait s'échapper de sa famille, avec laquelle elle ne gardait qu'un contact obligatoire et superficiel. Julie ne s'occupe pas des problèmes qu'elle a avec sa famille d'origine (et qui existent chez *tout le monde*), il lui est donc plus facile de se concentrer sur la mère de Robert et de réagir violemment à ce qui la concerne.

Le triangle Julie-Robert-Simone se présente ainsi. Deux côtés du triangle demeurent relativement vierges de tout conflit, et toute l'intensité négative est concentrée entre Julie et Simone (diagramme A).

Diagramme A

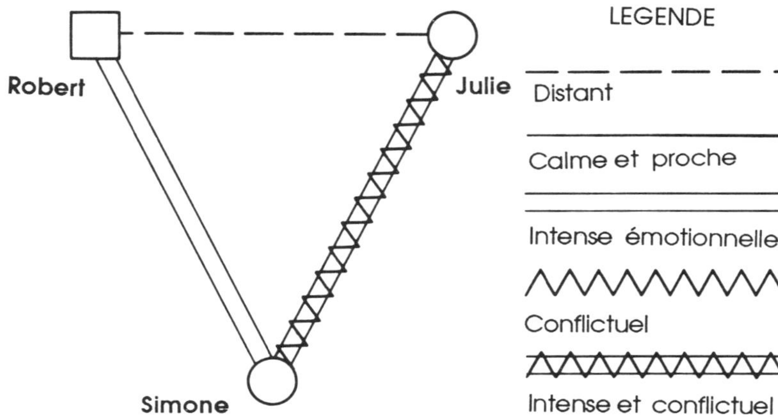

Lorsque l'enfant paraît

Avec l'arrivée de la petite Emma, d'autres triangles se sont mis en branle. Par réaction aux angoisses de son nouveau statut de père, Robert s'est réfugié davantage dans son travail. Pour compenser le manque d'intimité conjugale et sa position extérieure avec son mari et sa belle-mère, Julie a noué avec sa fille une relation extrêmement étroite. Le triangle mère-père-fille a cet aspect :

Diagramme B

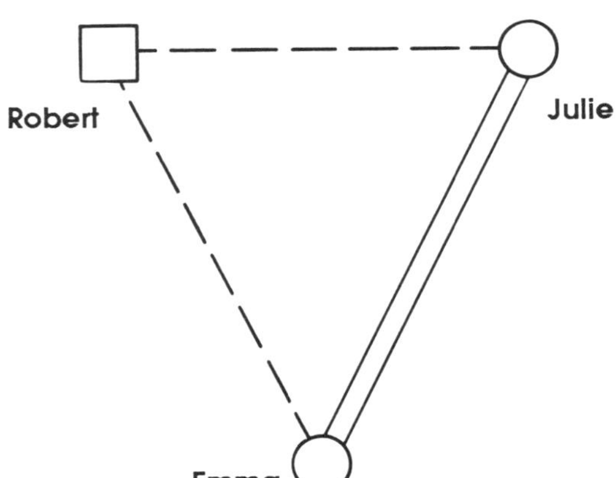

Emma participait activement au triangle. En grandissant, elle sentit que sa mère avait besoin d'être le « parent numéro un », et que son père était angoissé par sa présence émotionnelle. Comme beaucoup de petites filles, elle était ultra-sensible à la distance qui séparait ses parents et à la frustration de sa mère. Au bout d'un moment, elle se posa comme l'alliée de sa mère, et comme sa « meilleure amie », tentant ainsi, peut-être, de combler le vide et de détourner l'attention des problèmes conjugaux. Toute petite déjà, Emma consacra toute son énergie à exister pour sa mère plutôt que pour elle-même.

La pression exercée par la répartition traditionnelle des rôles sexuels a joué un rôle capital dans le drame de ce triangle trop classique. Conformément au stéréotype, Julie manquait d'objectifs personnels, et Emma devint pour elle une véritable « carrière », plutôt qu'une relation. Robert s'éloigna de plus en plus et s'investit de plus en plus dans son travail, renforçant ainsi sa position d'étranger à sa propre famille.

Avec le temps, chaque côté du triangle se renforça et supporta les deux autres. Plus Robert s'isolait et s'éloignait de sa famille, plus il y avait d'intensité et d'intimité entre la mère et la fille. Plus Julie et Emma resserraient leur lien, affectif plus la situation d'éloignement de Robert se confirmait.

Un troisième triangle

Avec le temps, un troisième triangle se forma, composé de Julie, Simone et Emma. Simone se mit à critiquer ouvertement les méthodes d'éducation de Julie, même devant Emma (« Vous ne pouvez pas la laisser sortir comme ça avec ce froid ! ») et à vouloir saper son autorité (« Emma, ne dis donc pas à maman que je t'ai offert des profiterolles, elle ne comprendrait pas. ») Au summum de l'angoisse, Julie et Simone échangeaient des propos acerbes devant Emma au sujet de son éducation, et plus tard, Julie accuserait son mari de ne pas l'avoir défendue. Robert fit tout ce qu'il put pour rester aussi éloigné que possible du triangle. En effet cela le soulageait considérablement de rester en-dehors de toute cette intensité, et de se protéger des véritables problèmes émotionnels de sa vie, que ce soit avec sa mère, sa femme ou sa fille.

Si ces triangles vous déconcertent, c'est normal. Il n'est pas facile de penser en termes de triangles, et encore moins lorsqu'on se trouve au milieu d'un triangle. Bien que ce soit difficile à discerner, nous sommes *tous* impliqués dans de multiples triangles entrelacés, et un ou deux d'entre eux sont cruciaux dans notre vie affective. Notre position dans un triangle peut constituer une réaction temporaire au stress. Dans un autre triangle, notre position peut être rigide, immuable, et résister à tout changement. Les triangles résolvent les problèmes en abaissant le niveau d'angoisse quand il ne peut plus rester entre deux personnes. Mais ils créent également un problème en masquant les véritables difficultés relationnelles entre deux des sommets et en jouant aux dépens d'une des personnes.

Agir différemment

Et si Julie était capable de changer de position dans l'un de ces triangles bloqués ? Par exemple, si elle trouvait le moyen de nouer avec sa belle-mère une relation calme et cordiale, si elle cessait de la critiquer devant Robert ? Si elle cessait de disputer avec sa belle-mère à propos de l'éducation d'Emma et trouvait le moyen de retrouver son calme à cet égard ? Par exemple, elle pourrait réagir en riant quand Simone critique son éducation, au lieu de se disputer avec elle : « Vous pensez vraiment que je veux qu'Emma ait la ligne haricot vert ? (*rires*). Eh bien, chez nous, les Henderson, on est plutôt rond, et un haricot vert serait le bienvenu ! » Si Julie se sentait particulièrement courageuse, elle pourrait aller plus loin encore en demandant à Simone de lui faire part de son savoir-faire, de son expérience et de ses conseils. Elle établirait ainsi le contact avec les *compétences* de Simone, qu'elle ignore complètement.

Si elle était capable de garder le cap pendant un certain temps, les relations familiales changeraient. Les tensions et les conflits entre Robert et sa mère remonteraient à la surface. Les problèmes conjugaux de Robert et Julie seraient plus faciles à identifier. Le triangle, alors, ressemblerait au diagramme C.

Diagramme C

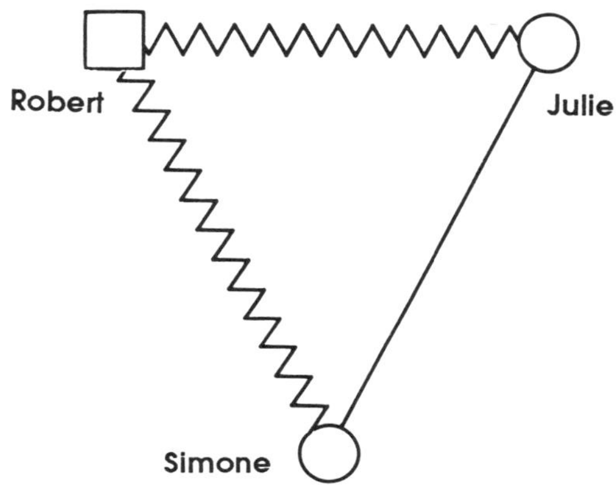

Cela constituerait une phase de transition qui permettrait d'établir des relations plus fonctionnelles. Au summum de l'intensité, les conflits conjugaux et maternels feraient irruption, on pourrait identifier les problèmes et les traiter en tant que tels. En outre, cela serait bénéfique pour Emma, qui cesserait alors d'être le point de rencontre de toute l'intensité négative entre sa mère et sa grand-mère. Son épanouissement en serait grandement facilité.

Bien sûr, pour accomplir un tel changement, il faudrait que Julie se concentre davantage sur elle-même, qu'elle consacre toute son énergie à s'occuper de ses propres problèmes familiaux au lieu de se concentrer sur ceux de Robert. Il faudrait aussi qu'elle trouve le courage de supporter l'angoisse inévitable qui surgit quand nous changeons le rôle que nous jouons dans un triangle clé — et que les véritables problèmes commencent à surgir. Comme nous le verrons au chapitre suivant, ce n'est pas une tâche facile.

Pourquoi est-ce à Julie de modifier le triangle ? Ce n'est pas nécessairement son rôle. Ce n'est pas elle qui est à l'origine du triangle. Chaque sommet du triangle est responsable de son propre comportement, chacun peut changer sa façon d'agir. Les triangles dans lesquels nous sommes le plus bloqués ont été élaborés par plusieurs générations, et l'ingrédient principal est l'angoisse chronique. Il n'y a pas *un* unique responsable.

Comme d'habitude, c'est celui qui éprouve le plus de frustration ou de douleur qui trouve la volonté de changer. Robert aussi pourrait modifier le triangle, mais il est probable qu'il n'en fera rien parce que le statu quo lui préserve une certain bien-être. Le triangle le protège et lui évite d'avoir à affronter les véritables problèmes émotionnels qui affectent ses relations avec sa mère, sa femme et sa fille.

Alors, un triangle, qu'est-ce que c'est ?

Vous vous rappelez comment l'angoisse affecte les systèmes relationnels ? On se divise en deux camps, un camp, ou les deux à la fois, on se concentre de façon excessive sur l'autre et plus du tout sur soi-même, on accuse, on se fait du souci, et finalement on parvient à une situation de polarisation extrême.

Mais ce n'est pas tout. *Les systèmes à deux personnes sont instables par essence. L'angoisse et le conflit ne peuvent pas être longtemps contenus dans une relation à deux.* Très bientôt, une tierce personne se joindra au duo pour former le triangle, volontairement ou non. Ce processus est automatique, c'est comme une loi en physique, et il n'est ni conscient, ni intentionnel.

Parfois, le troisième sommet du triangle se trouve dans le camp d'un des deux autres, aux dépens de sa relation à l'autre (vous ne voyez plus votre oncle Joe depuis que votre mère ne lui parle plus ; vous avez rompu avec votre père depuis qu'il a quitté votre mère). Le troisième sommet peut également jouer un rôle de médiateur et de pacificateur (vos parents se battent et vous intervenez pour conseiller celui sur lequel vous avez le plus d'influence). Ou bien les deux sommets de départ se concentrent sur une troisième personne de façon accusatrice (vous constatez que votre conjoint s'éloigne de plus en plus, ou qu'une importante date anniversaire approche, alors vous et votre mari vous angoissez de plus en plus à propos d'un des enfants ; vous et votre père parlez souvent de la dépression de votre mère, et vous êtes tous deux certains de savoir ce qui est bon pour elle).

Les triangles peuvent prendre d'innombrables formes, mais nous sommes assurés d'une chose : quand la tension monte entre deux personnes, une troisième va intervenir pour apaiser l'angoisse entre les deux individus d'origine. La troisième personne peut *faire partie* de la famille (l'enfant, la belle-mère, un grand'parent, un beau-père) ou *lui être extérieure* (un amant, ou bien la meilleure amie). Même un thérapeute peut jouer ce rôle s'il prend le parti de l'un aux dépens de l'autre. Cela peut également arriver lorsqu'un thérapeute concentre toute son attention sur une relation bien précise, déviant ainsi l'intensité des véritables relations, au lieu de pousser son patient à rechercher l'authentique source de ses problèmes psychologiques.

Et si on parlait du bavardage ?

Le bavardage est une forme de triangle que nous connaissons bien. Plus l'angoisse cachée est forte entre deux personnes, plus la conversation se concentrera sur la troisième personne. Par exemple, quand vous déjeunez avec votre mère, vous allez parler un bout de temps de votre père, ou des problèmes de votre jeune frère. Peut-être les échanges que vous avez avec votre mère sont-ils rarement dépourvus de toute préoccupation relative à quelqu'un d'autre.

La quantité de bavardage sert à mesurer le niveau d'angoisse qui existe dans un milieu professionnel ou familial. Ce que j'appelle « bavardage » est le fait de parler de quelqu'un d'autre et de se concentrer sur ses incompétences ou sa pathologie. Nous consolidons notre relation avec une personne aux dépens d'une troisième — ou nous nous efforçons de diluer notre angoisse en attirant les autres dans notre camp. Le bavardage n'a rien à voir avec les intentions. Nos intentions conscientes sont peut-être les meilleures du monde !

Une de mes amies rentrait d'un réveillon de Noël avec sa famille au grand complet. Au cours du dîner, l'angoisse était à son comble. Ce Noël était le premier sans ses grands-parents maternels, tous deux décédés dans l'année. « Un véritable zoo ! » s'exclama-t-elle à son retour. « Ma tante me prenait à parti pour me dire que ma mère se négligeait ; ma mère en voulait à mon frère et ne souhaitait pas que je m'assoie près de lui ; mon père me prenait à part pour me confier que ma mère avait des crises de larmes, et ainsi de suite ! » Personne n'évoqua les grands-parents, personne n'exprima la tristesse que causait leur absence.

Bien sûr, ce n'est pas parce qu'on parle d'une troisième personne qu'il existe *forcément* un triangle. Par exemple, il se peut que nous ayons un problème avec un ami ou un collègue et que nous consultions une tierce personne pour lui demander de l'aide, ou bien un conseil objectif. Ce type de conversation peut nous aider à nous calmer et à trouver de nouvelles options de comportement avec la personne qui nous pose pRobertlème. Mais bien souvent, c'est avec les meilleures intentions du monde que nous parlons *de quelq*u'un d'autre (« Je voudrais simplement que ma fille connaisse la vérité sur son père »), alors qu'en réalité nous essayons d'attirer quelqu'un dans notre camp aux dépens de l'autre. C'est particulièrement vrai si la personne à qui nous parlons entretient une relation nécessaire avec celle *dont* nous parlons.

Les dyades, par essence, sont instables. En revanche, les triangles, sont stables par essence, tout comme le tricycle est plus stable (mais moins pratique) que la bicyclette. Les triangles peuvent durer des années, des dizaines d'années, et même franchir les générations. Ils ne sont ni « nuisibles », ni « pathologiques », ni « à éviter » : ce sont des moyens naturels de gérer l'angoisse dans les systèmes humains. Ils ont pour fonction de stabiliser les relations et de calmer l'angoisse quand elle ne peut plus être contenue entre deux personnes. Les triangles sont tout simplement l'unité de base du fonctionnement humain. Comme dans tout schéma relationnel, la question est de savoir quel est le degré de blocage et de souplesse du processus.

Les triangles centrés sur un enfant

Les enfants sont les proies rêvées d'un triangle ; ils absorbent et dévient l'angoisse, d'où qu'elle vienne. Voici un cas-type de triangle « à enfant » qui constituait une réaction relativement *temporaire* face à l'angoisse et au stress.

« C'est pour le bien de Willy »

Bill a trente-sept ans, il est proviseur de lycée. Quand son épouse, Suzie, fut admise à son examen d'entrée pour devenir consultante en psychologie, il paniqua. Comme beaucoup d'hommes, il était incapable d'exprimer ses craintes, même vis-à-vis de lui-même. Au lieu de cela, il se préoccupa du bien-être de leur fils de deux ans et demi, et affronta sa femme en ces termes : « Willy a besoin de toi à la maison ! Je ne veux pas le confier à une étrangère. »

Guillaume et Suzie se disputaient au sujet des « besoins » de Willy, et Willy lui-même fut pris d'angoisses. Il se mit à réagir violememnt aux absences de sa mère. Il s'ensuivit un cercle vicieux, car Guillaume accentuait à la fois son souci pour son fils et ses critiques envers sa femme (« Tu vois bien que tes absences le perturbent ! »). Willy, quant à lui, devint de plus en plus capricieux.

Il fallut quelques mois de disputes inutiles et d'accusations pour que Guillaume et Suzie se mettent à se concentrer sur eux-mêmes et acceptent d'affronter le pRobertlème qui existait entre eux. Suzie était noire, et la première personne de la famille à faire des études universitaires ; elle avait plus que sa part d'angoisses, qu'elle s'efforçait de juguler en se disputant avec Guillaume. Guillaume comprit à quel point les études de Suzie constituaient pour lui une menace, et vit qu'il était sensible aux critiques que son propre père formulait envers la décision de Suzie.

Avec un peu d'aide, Guillaume fut capable d'exprimer à Suzie ses craintes, et de parler directement à son père de sa désappRobertation. Suzie comprit son malaise face à sa situation de pionnière de la famille, y compris l'angoisse et la culpabilité qu'elle éprouvait en pensant qu'elle était la seule à avoir des opportunités que n'avaient pas eues les générations de femmes précédentes. Elle parla à sa mère, à sa sœur, à sa grand'mère de ses craintes, aussi bien face au succès que face à l'échec, et en apprit un peu plus sur leurs réactions face à sa décision.

Au fur et à mesure que Guillaume et Suzie affrontaient leurs propres problèmes, le petit Willy s'assagit. Il cessa d'être le point de concentration de l'angoisse de ses parents, et, du même coup, de craindre que quelque chose d'horrible n'arrive à ses parents si sa mère retournait à l'université. En quelques mois, la famille s'était suffisamment calmée pour supporter avec un minimum de stress le nouveau statut de Suzie. Il est vrai que dans ce cas, l'évolution fut particulièrement rapide. Il a au moins le mérite de montrer qu'elle est possible.

Un triangle social

Le triangle « à enfant » est également fréquent *au niveau social*. Repensez un moment aux toute premières réactions des hommes face aux mouvements féministes. On les a *rarement* entendus dire : « J'ai peur, je me sens menacé par les changements qu'accomplissent les femmes. » Ou bien : « Je ne veux pas partager les tâches ménagères et les soins aux enfants, c'est pourquoi j'éprouve de la rancœur quand ma femme me le demande. » Aux tout premiers stades du féminisme, il était rare d'entendre les hommes parler de leur moi, ou bien à la première personne, avec leur propre voix.

Au lieu de cela, les média se sont littéralement jetés sur « les besoins des enfants », arrachant à coup sûr des larmes à tout le monde. Dans les années soixante-dix, on nous asséna l'image du petit enfant, les yeux pleins de larmes, regardant, tout triste, les murs de l'école maternelle pendant que sa maman s'en allait épanouir sa personnalité. L'image elle-même aurait épouvanté et fait culpabiliser toute candidate au féminisme. Comme si cela ne suffisait pas, arriva le film *Kramer contre Kramer*, qui remporta un énorme succès. Cette réaction « retour-arrière » était une contre-attaque aux efforts des femmes pour définir leur identité, et, ce qui n'est pas surprenant, elle prit la forme d'une accusation des femmes par rapport aux enfants.

Il est évident que les enfants ont des besoins. Mais les mères et les pères aussi. Cette concentration sur « les besoins des enfants » ne reflétait pas un véritable désir d'aider les enfants et les familles dans le besoin. C'était un triangle typique, semblable à celui qui s'est installé entre Guillaume, Suzie et Willy. En nous concentrant sur les besoins des enfants (« Maman, reste à la maison ! »), nous nous protégions et évitions d'avoir à localiser la véritable origine du problème — celui qui se dresse *entre* l'homme et la femme adultes. Comme il était *facile* d'exprimer son souci pour les dommages éventuels causés aux enfants par des femmes mal conseillées et fuyant leurs responsabilités maternelles ! Comme il était *difficile* (aujourd'hui encore, d'ailleurs) pour hommes et femmes de *travailler ensemble* en vue de changer la politique, les institutions professionnelles et les rôles familiaux afin d'obtenir une société qui, étant réellement attentive aux besoins des enfants et des familles, soit une véritable société d'accueil et de solidarité.

A chaque fois que les adultes ne sont pas capables de se mettre au travail pour identifier et résoudre leurs propres problèmes, la concentration sur les enfants se fait plus intense, ou les enfants se mettent eux-mêmes à détourner et à exprimer les problèmes des adultes de façon fort créative. A l'évidence, les enfants ont tendance à hériter de *tous* les problèmes psychologiques que nous, adultes, décidons de ne pas résoudre.

Une de mes meilleures amies m'a raconté l'histoire suivante : elle se souvient avoir réagi de façon très violente après qu'un professeur lui ait dit que sa fille n'était pas un très brillant élément. Elle s'était mise à surveiller sa fille de très près et à rechercher tout symptôme problématique ; sa fille, à son tour, devint plus angoissée. Plusieurs semaines après, mon amie faisait la leçon à sa fille de sept ans, l'enjoignant de se fixer des objectifs ; tout à coup, elle se rendit compte qu'elle-même se sentait particulièrement bloquée dans le domaine de ses objectifs professionnels. Tout récemment, elle avait atteint une date anniversaire importante, l'âge auquel sa propre mère — une femme énergique et brillante — avait entamé la pente descendante et commencé à cesser d'exploiter ses compétences. Avec cette prise de conscience, mon amie put enfin s'excuser , sans façons, auprès de sa fille pour l'avoir harcelée, et elle lui expliqua qu'en réalité, le problème était de son côté à elle. Elle s'attaqua à le résoudre, et bientôt, l'angoisse de sa fille se calma.

La réactivité rampante
Comment passer de l'enfant à soi-même

Les triangles à enfants peuvent être étonnamment intenses, selon le degré d'angoisse qui les alimente. Constatez par vous-même.

Il y a quelques années, ma famille sortait dîner en ville avant d'aller assister à un match de base ball à Kansas City. Au restaurant, je me mis à me faire du souci pour l'état de Matthew, mon fils, qui me paraissait indolent et fatigué. Plus tard, je remarquai qu'il s'était levé quatre fois pendant le match pour se rendre aux toilettes ; j'étais sûre qu'il était malade. Peu avant la fin du match, j'étais intimement persuadé que Matthew (qui avait dix ans à l'époque) souffrait de diabète juvénile. Loin d'en concevoir le simple soupçon, j'en étais absolument convaincue.

Mon mari, Steve, d'habitude, essaie de minimiser les problèmes dans la même proportion que ma propre tendance à les exagérer. Cette fois, ce ne fut pas le cas. En rentrant à la maison, Steve était en pleine fusion conjugale, et il avait peur aussi. Il appela le pédiatre tôt le dimanche matin et lui décrivit les symptômes (fatigue, mictions répétées). Le pédiatre nous conseilla de le réveiller immédiatement et de l'emmener aux urgences. Quand j'y repense, je suis certaine que le caractère d'urgence que le médecin confirma (car il aurait pu se contenter de nous dire de continuer à surveiller Matthew pendant la journée, puis de le rappeler) était, en partie, une réaction à la contagion de notre angoisse.

Steve réveilla Matthew et lui expliqua l'horreur de la situation aussi calmement que possible. Le cœur gros, je les regardai se diriger vers l'hôpital. Je restai à la maison avec notre fils cadet, Ben ; incapable de contenir mon angoisse, j'appelai mon amie Emily et lui demandai de venir me tenir compagnie en attendant leur retour. Dans ma vie, j'ai eu à faire face à des crises plus graves qu'une crise de diabète juvénile, mais jamais je n'ai passé de moments aussi horribles. Tant qu'on ne m'eut pas confirmé que les examens sanguins étaient normaux, je ne pouvais pas tenir en place.

A l'évidence, ma réaction émotionnelle était plus forte que ne l'aurait même exigé un véritable problème de diabète juvénile, si par malheur un tel diagnostic s'était confirmé. Plus tard, je me sentis terriblement coupable du poids dont j'avais chargé Matthew qui, on le devine, fut très marqué d'avoir été le point de concentration d'une telle intensité.

Se concentrer sur soi

Ce week-end là, le processus émotionnel familial était aussi intense et déficient qu'il pouvait l'être. Dès que l'angoisse atteint des sommets, nul n'est à l'abri des attitudes extrêmes, quel que soit notre mode de fonctionnement habituel — sur-fonctionnement, sous-fonctionnement, éloignement, disputes ou concentration sur l'enfant. Mais il est révélateur, dans ce cas précis, que je ne sois pas restée *bloquée* dans ma situation réactive ; toute la différence est là. J'espère qu'il en aurait été de même si le diagnostic avait été différent.

Une fois redevenue capable de faire appel à la partie *pensante* de mon cerveau (avec le temps et l'aide de mes amis), il était évident que mon chemin était tout tracé. Je devais acquérir une perspective plus claire sur mes propres angoisses de santé — des angoisses qui trouvent leurs racines dans des problèmes et des événéments qui remontent à plusieurs générations. J'étais persuadée d'en avoir terminé, car à plusieurs reprises j'avais eu de longues conversations avec des membres de ma famille au sujet du premier cancer de ma mère et de la mort de ma grand'mère, décédée jeune de la tuberculose. Bien sûr, il s'agit d'un *processus*, et il faut parfois plusieurs vies pour se débarrasser de toutes les questions qui pèsent émotionnellement sur nos familles. Mais si l'on y travaille *consciemment*, on aide l'inconscient à faire son devoir.

Je repris mon téléphone et appelai ma mère et ma sœur, leur posai des questions sur l'héritage des problèmes de santé dans notre famille. Je fus un peu vexée de n'avoir pas su tout de suite faire le rapprochement entre mon souci pour Matthew et mon propre diagnostic — erroné — de diabète, plusieurs années auparavant. En outre, deux semaines seulement avant le match, un check-up avait révélé la présence de sucre dans mes urines. J'étais allée voir un endocrinologue, qui avait diagnostiqué une intolérance au glucose.

Autre évidence (à laquelle je n'avais pas pensé) : la même année, ma mère avait subi les deux diagnostics de cancer et de diabète. Les deux s'étaient mélangés dans mon esprit, car, comme tout le monde, j'ai tendance à me confondre avec ma mère et avec mes enfants. Et quand je regardai de plus près mon génogramme, je compris également pourquoi le diabète était pour moi un problème d'importance, et pourquoi mes angoisses de « survie » avaient fait surface ce mois-là. Les détails de mon histoire familiale ne sont importants, en l'occurrence, que dans la mesure où ils m'ont permis de réinvestir dans mes propres problèmes mon énergie émotionnelle. Tous, nous souffrons de problèmes émotionnels difficiles — et si nous ne les résolvons pas *en remontant* les générations, nous avons toutes les chances de les *transmettre* aux générations suivantes.

Une leçon familière

En-dehors des enfants, nous participons tous à un triangle, quelle que soit sa forme, parce que nous avons en nous des éléments que nous tenons de notre famille d'origine (ou d'ailleurs) et auxquels nous ne faisons pas attention. Ce sont ces éléments-là qui surchargent les autres relations. Tout au long de ce livre, nous avons vu comment nous dévions l'angoisse et les émotions en les faisant passer d'une relation à une autre. Mais il n'est pas facile de discerner le processus de notre vie, et encore moins d'y travailler.

Travailler sur les triangles, ce n'est pas seulement identifier et résoudre des problèmes avec notre famille d'origine qui alimentent l'angoisse ailleurs. C'est aussi observer et modifier notre rôle actuel dans des triangles familiaux clés. Parfois un triangle dure une journée, une semaine, plusieurs mois, comme dans les exemples que je donne dans ce chapitre. Mais n'importe quel schéma relationnel peut subir un blocage chronique si nous ne sommes pas capables de nous calmer suffisamment pour examiner le rôle que nous y jouons.

Maintenant, regardons un triangle familial bien enraciné, où l'angoisse est à son summum chronique, et où la polarité sous-fonctionnement/sur-fonctionnement est en pleine action, et cela depuis une éternité. Nous réfléchirons enfin à nos positions au sein des triangles, ce qui nous aidera à comprendre les points les plus délicats de la danse sous-fonctionnement/sur-fonctionnement.

11

De l'audace, encore de l'audace
L'histoire de Linda

Linda a vingt-huit ans ; elle s'occupe de planification financière. Elle est venue me voir afin de travailler sur « son incapacité à juger les hommes. » Une semaine après son premier rendez-vous intervint une crise familiale qui l'obligea à revoir ses priorités. Sa sœur cadette, Claire, sombrait dans la dépression et, selon sa mère, négligeait son appartement et ne mangeait plus rien. Les deux parents réagirent avec une angoisse intense, ils pistèrent Claire et la ramenèrent chez eux, dans leur petit appartement. Ils lui firent la cuisine, lavèrent son linge, et la conduisirent chez un thérapeute qu'elle refusa de revoir après trois séances.

Linda aussi est inquiète pour sa sœur qui, un peu plus d'un an auparavant, avait laissé entendre qu'elle songeait au suicide. Mais en même temps, elle en voulait à ses parents, et surtout à sa mère, qu'elle rendait responsable des problèmes de sa sœur. « Ma mère ne l'a jamais laissée grandir, *voilà* le problème ! »

En des périodes d'angoisse comme celle-là, Linda prodiguait de généreux conseils à sa mère sur la façon d'aborder Claire, et sa mère ne les écoutait pas. Linda, frustrée et furieuse, réagissait en s'éloignant de toute la famille. « Pour ma propre santé mentale, la seule chose que je puisse faire est de me tenir aussi loin que possible de cette bande de fous », me dit-elle posément au début de nos séances.

Qu'est-ce qui ne va pas ?

Au début de sa thérapie, Linda était persuadée que, pour se montrer sûre de soi et affirmer de sa personnalité, la seule méthode consistait à dire aux autres membres de la famille ce qu'ils faisaient de travers. Comme nous l'avons vu, rien n'est plus loin de la vérité. *Quand on veut faire preuve de personnalité, c'est sur soi qu'il faut se concentrer.*

Linda pensait également que sa mère était responsable de l'état de Claire. Or,*une mère n'est jamais responsable de la maladie de son enfant.* Celle-ci fait partie d'un contexte plus large, et n'exerce pas son pouvoir sur la totalité.

En outre, Linda pensait qu'elle avait toutes les réponses aux problèmes familiaux, et elle accusait sa mère de ne pas vouloir écouter ses bons conseils. Elle ne comprenait pas qu'elle aussi, par son comportement, avait sa part de responsabilité dans le problème qu'elle essayait de résoudre.

Enfin, elle pensait que ce qu'elle avait de mieux à faire, pour son propre équilibre, était de s'éloigner. Mais cela ne servit à rien. Cela abaissa son niveau d'angoisse, mais temporairement seulement. Elle se mit à manger trop et à se réveiller au petit matin, complètement angoissée par la peur que sa sœur ne se tue.

Epingler le triangle

Quelle était la position de Linda dans ce triangle familial bien ordinaire ? Quand l'angoisse n'était pas forte, sa relation à sa mère semblait sereine et intime, même si leur « intimité » reposait lourdement sur leur concentration mutuelle sur Claire. C'était Claire, le sujet de préoccupation habituel, qui se trouvait le plus éloignée des deux autres femmes (diagramme D).

Diagramme D

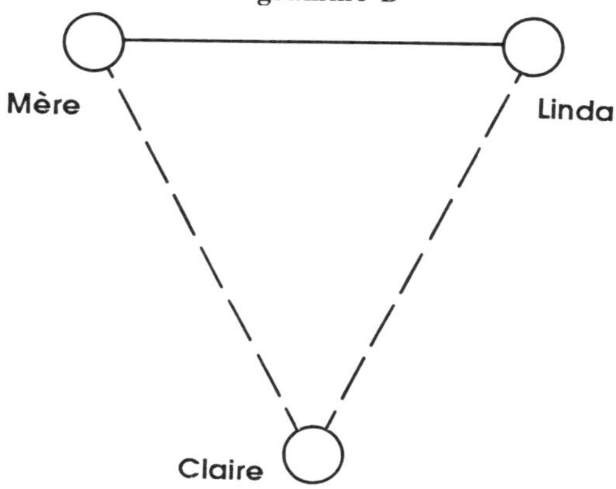

La position extérieure de Claire dans ce triangle s'accentuait encore quand la mère et Linda renforçaient leur lien à ses dépens. Par exemple, sa mère racontait à Linda des « secrets » qu'elle cachait à Claire, parce qu'à son avis, Claire réagirait trop mal ou en parlerait à n'importe qui. Linda, complice de ce système, agissait aux dépens de sa relation de sœur avec Claire. Claire aussi jouait son rôle, celui de la fille fragile, celle sur laquelle on ne peut pas compter.

Aux moments d'angoisse, les positions « internes » du triangle étaient beaucoup moins confortables. Calmes bavardages se transformaient en tensions rageuses entre Linda et sa mère, car Linda disait à sa mère quoi faire à propos de Claire, et sa mère négligeait ses conseils. Lors d'une visite chez elle, par exemple, Linda regarda sa mère laver et plier deux paniers pleins de linge appartenant à Claire, pendant que Claire, assise sur le canapé du salon, feuilletait des magazines. Le lendemain, Linda téléphonait à sa mère et lui jetait à la figure : « Claire ne grandira jamais si tu la traites toujours comme un bébé ! Elle a des bras et des jambes, elle a vingt-trois ans ! Elle peut quand même transporter son linge ! » La mère de Linda se sentit incomprise et pensa que Linda ne saisissait pas la gravité de l'état de Claire. Juste après le début de la thérapie, période particulièrement stressée, voici à quoi ressemblait le triangle :

Diagramme E

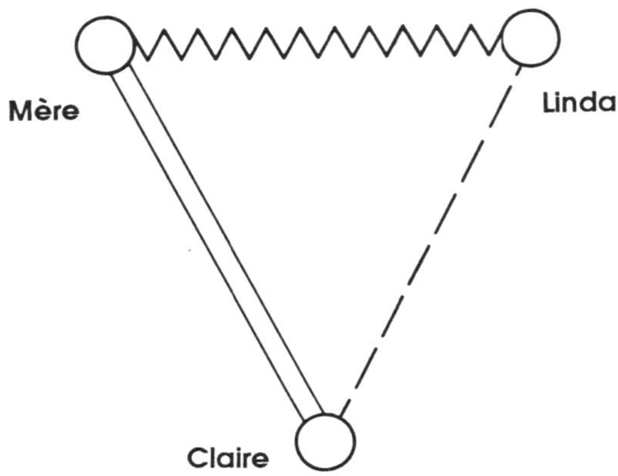

Quand Linda et sa mère parlèrent (ou se disputèrent) à propos des problèmes de Claire, toutes deux s'inquiétaient sincèrement pour elle. Elles n'avaient aucunement l'intention d'entretenir une relation à ses dépens. Mais comme nous l'avons vu, il est bien rare que nos schémas de comportement en situation d'angoisse servent à quelque chose. Parler *à propos* de quelqu'un qui sous-fonctionne, plutôt que de *lui* parler directement est bien inutile. Tous les efforts de médiation, de pacification ou de rapprochement entre deux êtres de la même famille sont voués à l'échec. Nous ne pouvons pas être thérapeutes dans notre propre famille.

Alors, que *faut-il* faire ? Comment sortir d'un tel triangle, comment concevoir une nouvelle danse ?

S'en sortir

Pour Linda, le premier défi consistait à *rester en-dehors* des problèmes relationnels entre sa mère et sa sœur, et à travailler à établir avec chacune d'entre elles une relation séparée, de personne à personne. Au début de la thérapie, Linda en était incapable, car, *comme tout sur-fonctionnant qui se respecte, elle était convaincue que sa mère et sa sœur avaient besoin de son aide et qu'elle avait toutes les réponses à leurs problèmes.* Pendant longtemps, Linda, tenace, s'accrocha à cette idée malgré que visiblement sa mère et sa sœur ne parvenaient pas à résoudre leurs problèmes, et que ses conseils étaient de toute évidence inutiles.

Rester en-dehors : qu'est-ce que cela pouvait signifier pour Linda, pour nous tous, en fait ? Certainement pas se croiser les bras et annoncer à sa mère et à sa sœur : « Je ne veux pas faire partie de ce triangle ! Vous n'écoutez pas mes conseils, et j'ai tout à y perdre ! ». Un tel comportement serait encore une forme de réactivité : « Je sais ce qu'il faut faire ». Et ce serait une attitude d'accusation et d'éloignement.

Voyons ce qu'il faut faire pour rester en-dehors. Nous en découvrirons davantage, par la même occasion, sur le sur-fonctionnement, parce qu'apprendre à *ne pas* fonctionner à la place des autres représente un grand pas vers la réussite de notre objectif. Quand nous *assumons les responsabilités* de quelqu'un d'autre, au lieu de *prendre les nôtres au sein de la relation*, nous agissons aux dépens de l'autre.Nous avons du mal à assimiler cette idée car pour beaucoup d'entre nous, elle remet en cause toute la vision du sur-fonctionnant.

Nous allons passer en revue tous les changements accomplis par Linda au sein de sa famille. Pendant ce temps, essayez de réfléchir à vos propres relations. Souvenez-vous que les acteurs et les symptômes de cette histoire (par exemple, la dépression de Claire) sont moins importants que la compréhension de nos schémas de fonctionnement en situation de stress. Ce triangle aurait aussi bien pu comprendre Linda, sa mère et son père ; ou bien Linda, sa mère et sa grand'mère ; ou encore Linda et ses deux meilleures amies. Au lieu de souffrir de dépression, Claire aurait pu avoir un autre problème psychologique ou physique. Les principes de blocage et de changement seraient restés les mêmes.

Cesser de s'occuper de Claire

Quand Linda fut prête à travailler sur ce triangle crucial, elle commença par faire en sorte que ses conversations avec sa mère soient *moins* centrées sur Claire et *plus* sur elle-même. Les triangles cruciaux sont extrêmement intenses (cela fait à peine cinq minutes que votre mère est descendue de l'avion, et déjà elle en est à : « Tu sais ce que ton père a encore inventé ? »), et il est très difficile de changer de centre d'intérêt.

Linda s'en sortit très bien. Elle garda son calme quand sa mère parlait de Claire, sans jamais se laisser entraîner dans des diagnostics ni proposer des conseils. Elle fit dévier la conversation afin de *parler plus d'elle-même* (« J'ai eu un grave problème à mon travail cette semaine ») et *d'en apprendre davantage sur la famille de sa mère* (« Maman, tante Carole ne suivait pas un traitement anti-dépresseur ? Vous en avez parlé ensemble ? »).

Sortir du triangle ne signifiait pas que Linda refusait purement et simplement de parler de Claire, ce qui aurait été une attitude de distanciation. Simplement, elle ne se laissa plus entraîner dans son ancien schéma. Elle réagissait, bien sûr, quand sa mère lui parlait, mais *pas de façon pédagogique et catégorique*, comme elle le faisait auparavant.

Un après-midi, Linda faisait des courses avec sa mère, qui ne cessait pas de parler de Claire. La situation à la maison était devenue intenable, disait-elle, car Claire traînait dans l'appartement et avait des exigences impossibles et manipulatrices. Linda l'écouta, puis dit, d'un ton léger : « Mais maman, tu te montres tellement compréhensive, tellement adroite quand il s'agit d'aider les autres, alors évidemment on t'en demande toujours plus ! »

Par cette simple affirmation, Linda montra qu'elle avait vraiment changé. Elle réagissait en clarifiant ses propres opinions sur le problème, mais de façon sereine, sans jamais devenir docte, sans demander à sa mère de suivre ses conseils. Sa nouvelle perspective ne prenait aucun parti, n'accusait personne : c'était le fruit d'une réflexion sereine sur la danse telle qu'elle la voyait (la mère savait donner, mais Claire savait prendre). Sa mère ne dit rien, et Linda s'en tint là, comprenant que l'angoisse de sa mère était trop forte pour qu'elle réagisse de quelque façon que ce soit. Claire et sa mère résoudraient leurs problèmes ensemble, ou ne les résoudraient pas.

La mise à l'épreuve

Quand on veut sortir d'un triangle, on est mis à l'épreuve à de nombreuses reprises. Dès que nous bougeons, les autres accentuent leurs efforts pour nous ramener à notre point de départ ; c'est la nature humaine qui veut que chacun résiste au changement. Les efforts de Linda pour modifier sa position dans le triangle se sont heurtés à ces réactions « retour-arrière ».

Claire se préparait pour un week-end à Cabourg, où elle devait passer trois jours chez des amis qui avaient loué une maison pour l'été. Mais elle traversait une période d'apathie et de déprime, et plusieurs fois avait dit à ses parents que la vie ne valait pas la peine d'être vécue. Sa mère pensait que Claire n'était pas en état de partir en week-end et essaya de la retenir. Elle n'y parvint pas, mais elle téléphona aux amis de sa fille pour leur expliquer le problème. Elle leur demanda d'être particulièrement gentils avec Claire, de surveiller les signes de dépression et de l'appeler à la moindre alerte. Bien sûr, elle ne dit pas à Claire qu'elle avait téléphoné et demanda à ses amis de ne pas en parler. Mais le dernier jour du week-end, un des amis lui avoua la vérité.

Claire était furieuse contre sa mère, et se montrait inconsolable. Quant à sa mère, elle pensait que sa réaction était trop violente, et qu'elle n'avait pas le sens des proportions. Claire, qui habitait encore chez ses parents, se mit à refuser de partager leur table et à prendre ses repas au fast-food d'à côté. A ce stade, la mère appela Linda et l'implora d'essayer de faire entendre raison à sa sœur. Cet appel donna à Linda l'occasion de montrer qu'elle était capable de *ne pas* retomber dans les vieilles habitudes.

Elle releva le défi en disant à sa mère qu'elle n'avait aucune idée du moyen de les aider toutes les deux, et qu'elle était certaine que le temps contribuerait à résoudre leurs difficultés. Sa mère insista, mais elle tint bon et réaffirma sa position tout en précisant qu'elle se rendait compte de la difficulté de la sittuation. Elle dit : « Maman, on dirait que vous avez atteint un tournant dangereux. Je vous aime toutes les deux, et je suis désolée que ce soit si difficile. Je sais bien que cela paraît insoluble aujourd'hui, mais je suis sûre qu'avec le temps, cela changera. »

En même temps, elle ne recula pas quand sa mère lui demanda son avis. Là encore, notre capacité à partager nos opinions, nos valeurs et nos convictions fait partie de notre capacité à *nous définir en tant qu'individus. Un tel partage n'a rien à voir avec le sur-fonctionnement, si nous sommes capables de rester calmes et de respecter les différences (car les autres ne sont pas nécessairement de notre avis), tout en sachant que notre compréhension des choses n'est peut-être pas adaptée pour les autres.*

Aussi, quand sa mère le lui demanda, Linda lui dit-elle qu'à la place de Claire, elle aussi aurait été bouleversée, parce qu'elle aurait souhaité que sa mère lui parle directement au lieu de parler à ses amis. Quand sa mère dit : « Tu veux dire qu'à ma place, tu n'aurais pas téléphoné ? », Linda réfléchit et répondit : « Eh bien, si j'avais appelé, j'en aurais parlé à Claire. C'est comme ça que je vois les choses. »

Linda ne discuta pas quand sa mère, furieuse, lui rétorqua que dans l'état où elle était, Claire était impossible à aborder directement. Elle dit d'un ton léger : « Tu sais, je te dis simplement comment je vois les choses. Je sais que la situation est difficile, et je ne prétends pas avoir les solutions. » Sa mère ajouta : « Et en plus ta sœur essaie de me culpabiliser en allant au fast-food tous les soirs ! ». Linda se mit à rire et dit : « Moi, je ne ferais pas ça, c'est sûr ! Rien au monde ne pourrait m'obliger à aller chez McDonald alors que la cuisine de ma mère est à ma disposition ! » A ce stade, sa mère se mit à rire aussi, et la tension baissa un peu.

Toujours la même chose !

Bien sûr, cette épreuve ne fut pas la dernière. Comme nous l'avons vu, un changement important n'est jamais vraiment achevé. La semaine suivante, la relation entre Claire et sa mère atteignit un point de tension culminant. Quand Linda passa, un après-midi, pour prendre un paquet, sa mère la coinça dans la salle de bains. « Maman était si tendue, si exaspérée que j'ai eu l'impression qu'elle allait exploser. » La mère leva la tête vers Linda et, furieuse, lui chuchota « Tu sais ce que ta sœur est en train de me faire ! Elle ne veut plus me parler ! C'est incroyable ! Que dis-tu de *ça !* Tu ne me ferais pas une chose pareille ! »

Au début, le cœur de Linda se serra. Elle eut un moment de panique, comme Christelle (chapitre 7) au moment où son père l'appela pour qu'elle le raccompagne chez lui. Puis elle se mit à réfléchir. « Tu sais, Maman, tu as sûrement raison. Je n'agirais pas comme Claire parce que je ne suis pas comme elle. Pour moi, ce serait trop pénible de m'éloigner ainsi d'un membre de ma famille. Mais comme je te l'ai déjà dit, je n'agirais pas comme toi non plus. » Linda sourit et ajouta chaleureusement : « C'est bien normal, je suis différente de vous deux. »

Sa mère prit un air exaspéré et dit qu'elle allait préparer le dîner. Plus tard cette semaine-là, elle appela Linda sans souffler mot de Claire. Plusieurs semaines après, Linda vint voir sa mère ; à l'évidence, la communication entre Claire et sa mère fut meilleure qu'elle n'avait pu l'être depuis longtemps. « Cette expérience a été une belle leçon d'humilité », me dit Linda lors de la séance suivante. « En réalité, elles se débrouillaient bien mieux toutes seules. » Pour Linda, c'était une grande première : pour la première fois, elle était capable de demeurer *calme* tout en restant *liée* aux personnes — et tout en *quittant* le vieux triangle.

Ces dialogues étaient des tournants importants pour Linda, et ils ne purent avoir lieu qu'après un dur travail en thérapie. Et pourtant, il faut qu'elle comprenne que la tâche n'est pas terminée. Le travail qu'elle a commencé est une entreprise de longue haleine. Car à chaque fois que l'angoisse sera à son comble, toute la famille de Linda, y compris elle-même, sera tentée de revenir aux anciens schémas. Telle est la nature des triangles et des systèmes humains. Ce qui compte, ce n'est pas que Linda soit capable de demeurer calme et objective en toutes circonstances, ce serait impossible, mais qu'elle avance tout doucement, sans jamais faire un pas en arrière.

La relation avec Claire

Linda cessa de vouloir répondre à toutes les questions familiales, et aussitôt elle retrouva le contact avec ses *propres* craintes au sujet de sa sœur, et aussi avec son propre éloignement. Claire s'était mise à parler de suicide bien avant le début de la thérapie de Linda, mais jamais, cette dernière n'avait posé à Claire de questions directes, jamais elle ne lui avait fait part de ses craintes.

Sporadiquement, Linda s'était inquiétée du problème, et, en bonne sœur aînée, avait donné tous les conseils possibles, de l'exercice physique à la psychanalyse, en passant par les médicaments. Mais les lignes de communication n'étaient pas vraiment ouvertes. Quand je demandai à Linda si elle pensait que sa sœur était vraiment sérieuse quand elle parlait de suicide (avait-elle un projet précis ?), Linda ne savait que répondre. Et elle ne connaissait pas non plus la position *de Claire* par rapport à sa *propre* dépression, elle ne savait pas quels efforts elle avait faits pour la vaincre, ni ce qui avait pu l'aider ou lui être utile.

Aussi Linda accomplit-elle un mouvement courageux quand elle posa à sa sœur des *questions directes sur le suicide* et lui fit part de *ses propres réactions*. Elle mit cartes sur table : « Claire, peut-être que je me fais trop de souci, mais je veux savoir si tu penses vraiment au suicide ? » La réponse de Claire la laissa sur sa faim (« C'est vrai, j'y ai encore pensé mardi soir, mais aujourd'hui ça va mieux. ») ; Linda posa alors des questions qui exigeaient davantage de précision. Par exemple : « Et si je te demandais de mettre une note entre un et dix, un signifiant que le suicide n'est pour toi qu'un fantasme fugitif, et dix signifiant que tu as un vrai projet ? » et « Si demain soir tu décidais d'agir, en parlerais-tu à quelqu'un de la famille ? »

Le suicide est un sujet éminemment angoissant, aussi toutes les questions qui le concernent ont-elles tôt fait de prendre une allure accusatrice et inquisitrice ou moralisatrice. Linda put éviter cet écueil grâce à sa thérapie, qui lui avait appris à gérer sa propre angoisse et à maintenir un fort degré de concentration sur elle-même. Avec le temps, elle avait acquis une véritable et profonde conscience du fait qu'elle ne pouvait ni changer ni guérir sa sœur, ni même savoir ce qui était bon pour elle. En réalité, nul n'aurait pu forcer Claire à vivre ou à résoudre ses problèmes. La seule chose que Linda *pouvait* faire, c'était s'intéresser à sa sœur et de garder le contact.

Savoir poser des questions claires, aller droit au but, c'est un talent, et pas seulement un acte de courage. Si quelqu'un qui nous est proche nous cause du souci, si nous nous inquiétons pour lui — qu'il s'agisse d'anorexie, du SIDA, de suicide, de drogue ou de problèmes à l'école — il faut absolument apprendre à poser des questions directes. Tous, nous avons de bonnes raisons de ne pas poser de questions (« De toute façon, je ne peux rien y faire », « Si je parle de drogue, il va tout bonnement nier », « Si je dis quelque chose, cela ne fera que lui donner des idées. »). Mais sur le long terme, nous allons tous mieux si nous établissons avec nos proches des lignes de communication ouvertes.

Partager ses réactions

Mais il ne suffit pas de savoir poser des questions pour ouvrir les lignes de la communication. Il faut aussi savoir partager ses réactions et réagir face à l'autre. Le langage « je » est alors une priorité. Souvent, nous croyons *partager ce que nous ressentons*, et nous ne faisons qu'essayer de devenir « spécialiste » de l'autre.

Linda partagea ses réactions avec Claire quand elle lui confia à quel point l'idée de la perdre la bouleversait : « Claire, l'idée même que tu puisses songer à te tuer me terrifie. Je t'aime, tu es ma sœur unique. Je ne sais pas ce que je deviendrais si tu disparaissais. » Alors, elle éclata en sanglots. C'était la première fois que Claire voyait pleurer sa sœur aînée.

Ces mots paraissent si *évidents*, pour ne pas dire triviaux, que l'on n'imagine pas que le fait de les prononcer puisse être un véritable acte de changement courageux. Et pourtant, plus l'angoisse est forte, plus celui qui sur-fonctionne (ou qui s'éloigne) a du mal à partager sa douleur, ses craintes ou ses préoccupations sans en éprouver de la colère ou accuser les autres, sans avancer de conseils ou de réponses pour les autres. Il est bien difficile de trouver les mots justes pour exprimer les choses les plus simples : « Je ne sais pas comment je supporterais de te perdre de cette façon. Je t'aime, je veux que tu restes près de moi aussi longtemps que possible. Je ne supporte pas l'idée de te perdre maintenant. Je sais bien qu'il n'y a rien que je puisse faire pour t'aider à résoudre ton problème, mais je veux que tu saches combien tu m'es précieuse. »

Etablir des limites et prendre ses positions

Bien sûr, cesser de sur-fonctionner ne signifie pas cesser de fixer des limites et de prendre des positions sur tous les problèmes psychologiques. Comme nous l'avons vu avec Christelle et son père, les relations ne peuvent que devenir plus chaotiques et plus déficientes quand nous sommes incapables de clarifier les limites et de préciser franchement ce que nous voulons ou ne voulons pas faire.

Quelle fut la position qu'adopta Linda en ce qui concerne le problème du suicide ? Elle commença par affirmer clairement qu'elle ne cacherait sa préoccupation à aucun membre de la famille. Elle refusa également d'aider ou d'appuyer l'attitude auto-destructrice de sa sœur de quelque façon que ce soit. Là encore, quelle que soit la nature du problème, notre défi est de définir une position claire et responsable au sein de la relation, pour *nous-mêmes*, et non pour essayer de fonctionner à la place de l'autre. La conversation qui eut lieu entre les deux sœurs illustre bien comment on peut adopter une position responsable pour soi, et comme cela peut être difficile. De tels échanges sont pénibles pour tout le monde.

A un moment donné, Linda demanda à Claire de l'appeler à chaque fois qu'elle se sentirait attirée par le suicide, et exprima le souhait que leur relation soit plus soudée. Elle dit qu'elle aimerait que toutes deux se sentent libres de s'appeler quand cela n'allait pas. Immédiatement, Claire remit en question cette volonté de rapprochement.

« Pourquoi t'appellerais-je quand j'ai envie de me tuer ? », demanda-t-elle. « Quand je suis comme ça, tu ne peux rien y faire. »

« Je le sais », répondit Linda. « Je suis incapable de résoudre certains de mes propres problèmes, alors les tiens… Mais même si la seule chose que je puisse faire, c'est de te serrer dans mes bras et te dire que je t'aime, j'aimerais que tu m'appelles. »

« Alors, il faut me promettre que tu ne parleras pas à Papa et Maman. Ils ne feraient que réagir de façon excessive, me placer dans un hôpital ou quelque chose comme ça. »

« Je ne peux pas te promettre cela. Je ne pourrais pas me taire si je pensais que ta vie est en danger. D'une part, je ne pourrais plus contrôler ma *propre* angoisse si je devais garder pour moi un tel secret. J'en serais incapable. Alors, j'appellerais les parents. Non, je ne peux pas te faire cette promesse. »

« Et si les parents étaient partis, tu m'enverrais à l'hôpital ? »

« Claire, si j'étais persuadée que tu étais en danger… J'appellerais la police, les pompiers, le SAMU, que sais-je encore… Si tu me disais que tu cours un danger immédiat, je ne saurais pas quoi faire d'autre. Je sais que tu m'en voudrais terriblement, mais il faut que je l'accepte. Je ne pourrais tout simplement pas supporter l'idée que je suis, aussi peu que ce soit, responsable de ton suicide. Je n'y *survivrais* pas. »

« Mais tu sais bien que si je suis vraiment décidée, tu ne pourras rien faire pour m'en empêcher. »

« Oui, je sais. Mais je serais incapable de rester sans bouger en sachant ce qui se passe. J'appellerais illico tous ceux qui t'aiment. »

« Alors tant pis !, répondit Claire, furieuse. Je ne te dirai *rien.* » Et elle quitta la pièce.

Linda resta seule quelques minutes. Avant de partir, elle dit à sa sœur : « Claire, j'espère que tu réfléchiras à ce que tu viens de me dire, parce que je t'aime. Je suis ta sœur, et cela me rend affreusement triste de penser que nous pourrions en arriver à ne même plus parler entre nous de ce qui nous tient à cœur. J'ai pensé à Maman et la tante Janine (*une sœur de la mère qui s'est fâchée avec la famille*), et je ne veux surtout *pas* que cela se termine ainsi. »

Cette conversation illustre parfaitement les aspects clés de la « définition de soi » dont nous avons parlé dans les chapitres précédents. Résumons un peu :

Premièrement, Linda conserve une attitude non réactive. Elle est émue, c'est vrai. Elle pleure lorsqu'elle parle à Claire. Mais cela ne l'empêche pas de *réfléchir* et de garder le cap plutôt que de réagir à l'angoisse en suivant son ancien schéma.

Deuxièmement, elle définit une position très claire (« Non, je ne me tairai pas. Oui, j'appellerais la police ou l'hôpital si c'était nécessaire ») et s'y tient, même devant les tentatives désespérées de Claire pour la faire changer d'avis. Elle résiste à la tentation de reculer, car si elle cédait, elle accuserait ensuite Claire de l'avoir manipulée ou de l'avoir eue au chantage.

Enfin, Linda reste concentrée sur elle-même et parle à la première personne — ses affirmations n'accusent personne mais parlent d'elles-mêmes. Elle consacre son énergie à conserver une position responsable dans la relation — elle ne prend pas les responsabilités *de* sa sœur, elle n'agit pas comme si elle pouvait résoudre les problèmes de Claire. Elle ne se laisse pas tenter par le sur-fonctionnement. A aucun moment, elle ne suggère qu'elle connaît Claire mieux qu'elle-même. Linda reste dans sa propre peau, s'efforce *d'établir la communication avec la compétence de sa sœur* — c'est ce que nous oublions trop souvent quand nous sommes en face d'un individu qui sous-fonctionne de façon chronique.

Partager le sous-fonctionnement

Quelles furent les autres actions que Linda entreprit pour modifier sa danse avec Claire ? Tout doucement, elle commença à partager ses *propres* problèmes avec elle, et aussi avec ses parents. Elle commença tout doucement, ne lâchant que des bribes d'informations, car le sur-fonctionnement est extrêmement difficile à modifier. Il n'est pas facile de commencer à partager avec sa famille sa propre vulnérabilité et de comprendre que ceux qui sous-fonctionnent n'en ont pas moins quelque chose à donner.

Linda ne commença *pas* par confier à sa sœur les problèmes qu'elle avait avec les hommes et qui l'avaient décidée à entrer en thérapie car elle désespérait de trouver un jour une relation valable. Au lieu de cela, quand Claire, déprimée, l'appela un soir, Linda lui répondit que ce soir-là, elle était incapable de l'écouter ou de l'aider. « Aujourd'hui, tout va mal, lui confia-t-elle. En fait, j'allais te téléphoner. J'ai eu une réunion catastrophique, j'ai brûlé mon dîner, bref je suis à bout. » Pour Linda, une telle confession était un changement de taille. Elle allait à l'encontre des polarités bien établies dans la famille. Plus tard, quand elle se sentit prête, elle confia à Claire une partie de ses problèmes vis-à-vis des hommes et reconnut ouvertement que chez elle, ce domaine était un point faible. Elle demanda conseil à sa sœur dans des domaines où Claire avait une véritable expérience.

Linda et les hommes

Lors de sa première séance de thérapie, le premier souci de Linda était ses relations avec les hommes. Ses liaisons s'enflammaient très vite, et très vite elle perdait toute objectivité face à l'homme du moment. Elle se décrivait comme « une feuille ballottée par le vent » dans ce domaine — ce qui contrastait de façon surprenante avec sa maîtrise et son contrôle dans le domaine professionnel.

Bien des filles aînées qui sur-fonctionnent ont le même problème que Linda. Même si, à première vue, le lien n'est pas évident, le travail qu'elle accomplit avec sa famille lui apporta une aide considérable. En effet, elle parvint à modifier son sur-fonctionnement et à présenter à sa famille une identité plus équilibrée, plus entière, avec ses compétences, mais *aussi* ses vulnérabilités. La thérapie l'aida également à acquérir une vision plus objective et plus équilibrée des forces et des faiblesses des autres membres de la famille. *Elle finit ainsi par se sentir capable de voir plus objectivement les hommes avec lesquels elle sortait.*. Pendant un certain temps, elle continua à s'enflammer trop vite, mais elle était capable de prendre du recul pour mieux juger des forces et des faiblesses de son partenaire potentiel.

Avec le temps, elle fit bien des efforts pour observer et modifier le rôle qu'elle jouait dans les vieux schémas polarisés et les triangles familiaux. En plus des changements qu'elle accomplit avec Claire et sa mère, elle renoua une communication plus proche avec son père, qui, lui, avait une forte tendance à s'éloigner, véritable spectre de la vie familiale. Linda acquit des informations sur l'histoire et la famille de son père, lui fit quelques confidences. Cela lui permit d'acquérir une certaine fermeté face à ses partenaires masculins. Plus nous établissons de relations claires et fortes au sein de notre famille, plus nous devenons solides dans nos autres relations.

A la fin de sa thérapie, Linda n'avait pas de relation sentimentale stable, et n'en éprouvait guère le besoin. Mais elle était parvenue à éviter toutes les relations qui finiraient par gaspiller son énergie et par ne lui valoir que des déceptions.

Post-scriptum : le dilemme de la sur-concentration

Quand quelqu'un sous-fonctionne — qu'il s'agisse d'un enfant dissipé, d'un mari déprimé ou d'un frère à problèmes — son entourage proche a tendance à se concentrer sur lui de façon abusive. Avec le temps, cela ne fait que s'accentuer, dans un sens ou dans un autre. Dans la même mesure, la concentration sur soi diminue, et l'on consacre moins d'énergie à l'identification et à la résolution de ses propres problèmes relationnels, à la clarification de ses objectifs personnels et de ses projets de vie. Dans de telles circonstances, celui qui sous-fonctionne ne fera que sous-fonctionner davantage, et plus longtemps.

Nous ne pouvons pas tout simplement *décider* de dédramatiser la situation et de cesser de nous concentrer sur les problèmes de l'autre. Ce n'est pas quelque chose que nous décidons de faire, et on ne peut pas non plus faire semblant. Si nous faisons semblant, nos efforts seront de courte durée, ou l'effet sera le contraire de celui recherché — la sur-concentration cèdera la place à la distanciation, qui n'est que le revers de la médaille. Ce ne sera *qu'après* avoir trouvé le courage de travailler sur nos propres relations et nos propres problèmes, ceux que nous nous cachons, que nous serons capables de dédramatiser la situation par rapport à l'autre. Ce n'est pas le travail qui manque ! Mais si nous parvenons à relever ces défis, nous trouverons nos marques par rapport à l'autre.

Qui est responsable de la dépression de Claire ?

Quand il y a un problème dans la famille, nous cherchons naturellement à identifier le coupable. Ou peut-être les deux ou trois coupables. Mais la dépression de Claire, comme tout autre problème sérieux, a probablement plusieurs siècles d'âge ; peut-être a-t-elle été influencée par des problèmes, des schémas et des événements qui remontent à plusieurs générations. Quelle que soit notre théorie préférée (et d'innombrables théories biologiques et psychologiques ont été échafaudées et continuent à évoluer), l'humilité est la meilleure attitude possible. Notre ignorance du comportement humain est bien plus grande que nos connaissances. Les spécialistes les plus éminents n'auraient qu'une explication partielle à proposer de la dépression de Claire.

Alors, qui va soigner Claire et résoudre son problème ? Une seule personne est capable d'accomplir cette tâche : c'est Claire elle-même. C'est à elle d'utiliser sa compétence pour devenir une spécialiste d'elle-même et pour trouver la solution à son problème. Ce défi, c'est le sien, même si les autres jouent un rôle pour lui faciliter la tâche ou, au contraire, la lui rendre plus difficile.

Et le travail de Linda ? A-t-il aidé Claire ? Linda a su s'extraire de la relation entre Claire et sa mère. Elle a changé son sur-fonctionnement. Elle a ouvert la communciation, défini les limites avec Claire et établi ses positions au sujet du suicide tout en faisant comprendre à Claire qu'elle l'aimait. Elle a laissé Claire et consacré davantage d'énergie à ses problèmes personnels, par exemple à son éloignement par rapport à son père. Elle a gardé le contact. Nous avons énormément de choses utiles à faire face à quelqu'un que nous aimons et qui sous-fonctionne. Ces choses-là ne résolvent pas le problème de l'autre, car ce n'est pas à nous de le faire.

Alors, pourquoi Linda a-t-elle changé ? Le travail qu'elle a accompli lui a donné les meilleures chances de faire baisser son angoisse, d'établir des relations familiales solides et de continuer à vivre de façon aussi saine que possible. Le changement de Linda aidera certainement Claire à utiliser ses propres compétences pour résoudre son problème. Mais ni Linda, ni ses parents ne sont à l'origine de la dépression de Claire. Ce n'est pas eux qui vont la guérir. Soit Claire trouvera sa voie, quand elle sera prête, soit elle ne la trouvera pas.

12

Notre mère/sa mère : et nous ?

Avant tout, nous sommes des filles.Notre relation à notre mère est une de celle qui influencera le plus notre vie, et elle n'est jamais simple. Même quand nous en avons été séparées à la naissance — ou même plus tard, par la mort ou par les circonstances de la vie — un lien profond et inexplicable lie la mère à la fille, la fille à la mère.

Lorsque nous sommes adultes, ce lien peut devenir extrêmement ambigu. Il se peut que nous persistions à accuser notre mère, que nous essayions encore de la changer ou de l'aider, ou bien que nous en soyions toujours à la distanciation émotionnelle. Peut-être sommes-nous fermement convaincues que notre mère est « impossible », que nous avons tout essayé pour arranger les choses, et que rien ne marche.

Où est le problème ?

Tous ces symptômes signifient qu'il existe un blocage au sein de cette relation primordiale. Des signes que ne sommes pas encore parvenues à négocier notre séparation d'avec notre mère, que nous n'avons pas encore accepté qu'elle soit séparée de nous. Si nous persistons à lui en vouloir, nous ne pouvons pas nous accepter. Si nous nous battons, si nous nous éloignons, nous *réagissons* à l'intensité de la relation au lieu d'essayer de l'améliorer. Et si, dans ce domaine, nous nous montrons incapables de nous forger une identité claire et authentique, nous serons aussi incapables d'apporter une telle identité dans nos autres relations. Comme nous l'avons vu, tout ce qui demeure en suspens dans notre famille d'origine est enterré — puis ressurgit ailleurs, ce qui nous met dans une situation de vulnérabilité particulière face aux autres.

En retrouvant le lien avec la mère, nous apporterons à la relation une plus forte identité, nous apprendrons à apprécier l'identité séparée de cette femme qu'est notre mère. On nous parle sans cesse de l'influence de la *mère* sur l'autonomie et l'indépendance de sa fille. En revanche, on n'évoque presque jamais la difficulté qu'éprouve une *fille* à penser sa mère comme un être séparé et différent, pourvu d'une histoire qui lui est personnelle.

Dans les pages suivantes, nous allons examiner les changements que Cathy a réussi à opérer dans sa relation avec sa mère. Son histoire, comme bien d'autres qu'on m'a confiées, illustrera l'approche d'une intimité plus mûre dans laquelle nous pourrons définir notre identité et respecter l'autonomie émotionnelle de l'autre. Nous avons déjà analysé ce processus, mais le combat de Cathy va nous permettre de résumer et de voir d'un œil neuf la complexité du changement. Il va également nous aider à approfondir notre pensée sur nos propres relations.

Cathy et sa maman

« Ma mère est vraiment impossible, concluait Cathy après une soirée en famille. Elle est sans cesse sur la défensive, elle refuse catégoriquement de m'écouter ! »

« Mais qu'aviez-vous à lui dire ? » , demandai-je. Cathy venait de commencer sa thérapie, et je n'avais que peu d'informations sur sa famille.

« Eh bien, il y a une foule de choses qui me mettent en rage depuis un bon moment, et j'aurais bien aimé vider mon sac. Je pensais qu'il fallait que les choses soient claires, au lieu de rester avec mon ressentiment. »

Elle reprit sa respiration, puis poursuivit, visiblement exaspérée : « Ma mère est incapable de supporter mes colères ! A chaque fois que j'émets une revendication légitime, elle me répond : “Oui, mais...”, et elle finit par me critiquer. J'ai essayé de le lui faire comprendre — mais comme d'habitude, c'est impossible. »

« Et qu'essayiez-vous de lui dire ? » Cathy n'avait toujours pas répondu à ma question.

« Tout d'abord, mon frère cadet, Denis, a de mauvais résultats en classe, et ma mère ne cesse de le harceler pour savoir s'il se drogue, et pourquoi il ne rentre jamais avant minuit. Je voulais lui parler de cela. Ensuite, il y a mon père. Elle prend toutes les décisions à sa place. Pour finir, il faut dire qu'elle passe son temps à se mêler de ma vie, surtout depuis mon divorce. Elle se fait sans arrêt du souci pour mon fils Eric, et passe son temps à me recommander de prier Dieu ! Il faut qu'elle contrôle tout et tout le monde, et toute la famille en souffre. »

« Quoi d'autre ? », demandai-je, comme si cela ne suffisait pas.

« C'était tout ce qui était à l'ordre du jour. Mais bien sûr, il y a d'autres problèmes. Toute une vie de problèmes. »

Les griefs de Cathy ne m'étaient pas inconnus. Je les ai entendus formuler par d'innombrables femmes, sous toutes les formes possibles. Et Cathy, comme Linda, comme beaucoup d'entre nous, se comportait exactement comme il fallait pour préserver le statu quo. Elle accusait sa mère unilatéralement d'être à l'origine des problèmes familiaux. Elle se prenait pour une spécialiste de la façon dont sa mère devrait gérer ses relations (avec son père et son frère, entre autres). Elle alternait entre silence et distance d'une part, dispute et accusations de l'autre. Comme nous l'avons vu, ces comportements nous bloquent, car ils font en sorte que nos problèmes ne sont pas abordés de façon constructive, que nos vieux schémas restent en place, et que l'intimité continue à ne pas pouvoir exister.

Mère accusée/Mère coupable

Cathy, comme nous toutes, avait les meilleures intentions du monde vis-à-vis de sa mère, Anne. Elle n'avait nullement l'intention de l'accuser, ni de lui faire du mal. Selon elle, elle affrontait sa mère parce qu'elle voulait creuser les fondations d'une meilleure relation et aider Anne à résoudre les autres problèmes familiaux.

« Et comment interprétez-vous le fait que votre mère refuse de vous écouter ? » Je savais qu'une telle question était prématurée, car la réactivité de Cathy à sa mère était encore tellement intense qu'elle était visiblement incapable de réfléchir vraiment à cette relation problématique et, surtout, au rôle qu'elle y jouait.

« Mais elle se défend sans cesse. Elle se sent accusée, alors elle essaie de se protéger. »

Sans connaître la mère de Cathy, je ne prenais aucun risque en supposant que dans ce domaine, Cathy avait mis dans le mille. Anne se sentait accusée et essayait de se protéger : alors, elle prenait la défensive. Quoi de neuf ? Et pourquoi donc n'agirait-elle pas ainsi ?

Nos mères nous ont flouées. En effet, leurs vies ne sont qu'attentes impossibles et déçues. Il est naturel pour une mère de réagir aux critiques de sa fille par l'angoisse et la culpabilité. En fait, la culpabilité est tissée dans l'étoffe même de la féminité. Comme le dit un thérapeute : « Montrez-moi une femme qui ne se sent pas coupable, et je vous montrerai un homme ». Les sentiments de culpabilité sont très profonds et très bien enracinés chez les mères, car elles sont les premières à être accusées, et à s'accuser elles-mêmes. Rappelez-vous, par exemple, la mère d'Adrienne, Hélène (chapitre 5) qui se sentait responsable à la fois du handicap de son fils et de ne l'avoir pas gardé chez elle. Ou la mère de Chloé (chapitre 9), qui ne pouvait pas dormir la nuit car elle était persuadée d'être responsable de l'homosexualité de sa fille — ou tout au moins parce que les autres le pensaient.

La culpabilité maternelle n'est pas seulement un problème individuel. Il trouve sa source, tout naturellement, dans une société qui assigne à la mère la principale responsabilité de tous les problèmes familiaux, excuse les hommes qui ne remplissent pas leur devoir de père, et n'offre que très peu d'aide aux enfants et aux familles. On encourage la mère à croire qu'elle constitue tout l'environnement de son enfant, et que ce dernier ne s'épanouira que si elle est une mère parfaite. Il est donc tout naturel que la mère de Cathy se soit montrrée sensible aux accusations et se soit mise sur la défensive, car elle se sentait accusée de ne pas être une assez bonne mère. Seule une mère particulièrement souple et sûre d'elle réagirait autrement.

Examinons de plus près la relation de Cathy avec Anne, et essayons d'approfondir quelques-unes des leçons apprises sur les changements que nous pouvons apporter au rôle que nous jouons dans les danses relationnelles qui empêchent l'intimité et nous mettent dans une sitaution de blocage. Sous le conflit et l'éloignement mère-fille, on trouve presque toujours une angoisse liée à la séparation et à l'indépendance. On retrouve aussi la confusion habituelle entre indépendance et autonomie. Cathy pensait qu'en affrontant sa mère, elle exprimait de façon courageuse son identité réelle et indépendante. En réalité, son comportement rendait cet objectif encore plus difficile à atteindre.

Une question de différences

La relation de Cathy avec Anne avait toujours été tendue, mais la situation s'était aggravée après le divorce de Cathy, deux ans auparavant. « Maman s'est toujours mêlée de mes affaires, explique Cathy. Mais depuis que je vis seule avec mon fils Eric, elle essaie vraiment d'organiser ma vie à ma place. »

Selon Cathy, Anne exprimait une préoccupation croissante à propos du bonheur de Eric et du manque de valeurs religieuses de Cathy. « Ma mère se fait du souci parce qu'elle pense que Eric a été traumatisé par mon divorce, et qu'elle n'aime pas l'éducation que je lui donne. Entre nous, la religion, c'est la grande question. J'ai invité ma mère à déjeuner samedi, et, pour la dixième fois, j'ai eu droit à un véritable sermon — devant mon fils ! »

Le « sermon » de la mère pouvait prendre diverses formes, mais se résumait, en gros, à ceci : tout d'abord, Anne pensait que Cathy devait emmener Eric à l'église tous les dimanches. Ensuite, elle voulait que la religion occupe dans la vie de Cathy une place plus importante. A chaque fois que Cathy exprimait sa tristesse ou sa colère après son divorce, sa mère lui conseillait de prier. Cathy n'avait aucune patience face auxconseils et aux critiques de sa mère (même si elle-même avait bien des conseils et des critiques à lui prodiguer), et elle ne supportait pas qu'on critique son éducation devant son fils.

En présence de sa mère, Cathy éprouvait une tension chronique. Elle pensait avoir tout essayé pour modifier la relation et la détendre ; s'apercevant que cela ne servait à rien, elle avait conclu qu'il n'y avait rien à faire. En réalité, néanmoins, Cathy n'avait entrevu aucune autre option en dehors des deux polarités souvent décrites (silence et distance/dispute et accusation).Elle et sa mère se comportaient de la même façon, comme si chacune savait exactement ce qui convenait le mieux à l'autre.

L'ancienne danse

Cathy, périodiquement, affrontait Anne sur le terrain de son comportement dans ses *autres* relations familiales, mais elle se taisait dès qu'*elle* se sentait la cible des conseils et des critiques de sa mère. Elle expliquait ainsi son mutisme : « Ma mère ne veut pas m'écouter ; cela ne fait qu'aggraver la situation. Elle est incapable d'entendre la vérité ! » Parfois, Cathy refusait de voir Anne : « Ma mère m'a tellement exaspérée après mon divorce que je l'ai évitée pendant plusieurs mois. Si j'avais pu m'offrir le billet d'avion, je crois bien que j'aurais émigré en Chine ! »

En s'éloignant et en s'abstenant de parler pour elle-même, Cathy a réussi à maintenir un certain calme dans la relation. En effet, l'éloignement sert à juguler l'angoisse à court terme, c'est pourquoi nous nous en servons. Mais tout en essayant de préserver une pseudo-harmonie dans son identité, Cathy sacrifiait son « moi ». *Notre capacité à affirmer clairement notre identité et nos opinions devant notre famille va déterminer notre niveau d'« indépendance » ou de maturité émotionnelle dans nos autres relations.* Si Cathy continue d'éviter de prendre position sur des problèmes importants, elle restera « collée » à sa mère, et ses autres relations en souffriront.

Selon Cathy, il lui arrivait de « s'affirmer fermement » et d'exposer ses véritables sentiments. Mais qu'entendait-elle par là ? Eh bien, qu'au lieu de se taire en présence de sa mère, elle avait décidé de « vider son sac ». Comme un pendule qui est allé trop loin dans la même direction, il lui arrivait d'aller à l'autre extrême avec Anne. Quand cela se produisait, Cathy arrivait à sa séance en me décrivant une relation qui ressemblait fort à une confrontation entre Godzilla et *Tyrannosaurus Rex.* « Ma mère a recommencé avec ses histoires de religion, et je lui ai dit que pour elle, la religion était une béquille — une solution simple à tous les problèmes de la vie. Ç'a été l'escalade, jusqu'à ce qu'elle claque la porte, comme à son habitude. »

Disputes et accusations, tout comme silence et éloignement, protégeaient la mère et la fille et leur évitaient d'avoir à affronter leur séparation. Là encore, séparation ne signifie pas éloignement émotionnel, qui ne serait qu'un autre moyen de gérer l'angoisse ou l'intensité des sentiments. *La séparation, c'est la préservation du « je » à l'inté-*

rieur du « nous » — la capacité à reconnaître et à respecter les différences, et à garder notre authenticité dans un contexte relationnel. Notre capacité à réussir une telle séparation dans notre famille détermine dans une large mesure notre capacité à l'intimité dans d'autres domaines, et influence notre façon de gérer nos relations tout au long de notre vie.

Définir sa propre identité

Savoir aller au-delà du silence et des disputes, être capable d'affirmer clairement ses propres opinions sur des problèmes importants : voilà qui constitue un pas décisif vers l'indépendance et la pleine possession de son identité. Par exemple, Cathy aurait pu choisir un moment de calme pour dire à sa mère : « Maman, j'aimerais vraiment que tu ne me parles pas de l'éducation de Eric en sa présence. Si tu veux me dire qu'il faut que je l'emmène à l'église, trouvons un moment seules toutes les deux. »

Cathy peut apprendre à affronter les vrais problèmes plutôt que de monter au front sans savoir quel est le véritable enjeu de la guerre. Dans l'ancien schéma, Cathy ne cessait de se disputer avec sa mère sur les problèmes d'éducation religieuse de Eric et le rôle de la religion dans leur vie de famille. De telles disputes ne pouvaient pas aboutir, et maintenaient Cathy dans une position de blocage, pour deux raisons : premièrement, elle essayait de modifier l'opinion de sa mère, ce qui était impossible. Deuxièmement, elle se comportait comme s'il n'existait qu'une seule vérité (qu'il s'agisse de la religion, de l'éducation ou d'un autre sujet) sur laquelle il fallait absolument qu'elle et sa mère tombent d'accord.

La réalité est que Cathy et Anne sont deux personnes séparées, et qu'elles ont du monde une vision différente, ce qui est leur droit le plus strict. Si l'on ne comprend pas cela — ce qui implique un profond respect des différences — toute intimité est empêchée. Nous savons à quel point nous sommes portés à confondre proximité et identité, et à nous comporter comme si l'autre et nous avions un seul cerveau et un seul cœur.

C'est particulièrement vrai quand il s'agit d'une mère et de sa fille. Depuis vingt ans, nos opinions sur le rôle de la femme et sa place ont considérablement évolué. Il n'est donc pas étonnant que les mères surtout réagissent violemment quand leurs filles s'affirment comme *différentes* de toutes les générations de femmes qui les ont précédées. Inconsciemment, la mère ressent cette différence comme une trahison ou une preuve de déloyauté — un jugement négatif de sa propre vie, ou peut-être, tout simplement, une façon de lui rappeler qu'elle n'avait pas le choix. Et bien sûr, la déclaration d'indépendance de sa fille peut être d'autant plus pénible pour une mère qu'elle n'a plus rien vers quoi se tourner — même pas sa propre identité — une fois les enfants devenus adultes. On a inculqué aux femmes que la maternité était une carrière, et non pas une relation : qu'on ne s'étonne pas que pour elles, la retraite constitue une crise difficile. Il est vrai, en outre, que beaucoup de filles utilisent l'éloignement ou l'accusation comme méthode de combat : dans de telles circonstances, il est fatal que la mère éprouve un fort sentiment de perte. Certains spécialistes en psychologie ont également leur part de responsabilité car ils ont demandé aux femmes de se « séparer » de leurs filles, comme si cela signifiait uniquement un abandon, et non pas une lente évolution vers un nouveau type de relation, plus riche et plus épanouissant.

Pour résumer, Cathy doit affronter les vrais problèmes dans sa relation avec Anne —le fait qu'elle est une personne autonome, avec des pensées, des opinions et valeurs qui diffèrent de celles de sa mère. Pour y parvenir, elle doit cesser d'essayer de changer, de critiquer ou de convaincre sa mère ; elle doit parler plus d'elle-même, tout en respectant le droit que sa mère a de penser, de ressentir et de réagir différemment.

Par exemple, elle pourrait dire à Anne : « Maman, je sais que pour toi, la religion tient une place importante. Mais ce n'est pas pareil pour moi. » Si la mère commence à discuter ou à critiquer, Cathy peut éviter de se laisser entraîner, car elle sait par expérience que de telles discussions intellectuelles avec sa mère ne mènent nulle part et ne font qu'aggraver la situation. Qu'elle réagisse alors en écoutant respectueusement tout ce qu'Anne a à dire, puis en répondant : « Maman, je sais que la foi religieuse t'est d'un grand secours. Mais je ne suis pas comme toi. » Alors, si Anne s'énerve et dit à Cathy qu'elle est la honte de la famille et qu'elle est responsable de ses problèmes cardiaques, Cathy pourra répondre : « Je suis désolée de te faire de la peine, Maman, car telle n'est pas mon intention ». Et quand Anne abordera le sujet pour la cent vingtième fois, Cathy pourra en plaisanter et répondre d'un ton léger : « Je te comprends, mais je ne pense pas comme toi. »

Cela vous paraît simple ? Et pourtant, de tels échanges exigent un courage peu commun, car ils mettent en relief la véritable séparation mère-fille, éveillant généralement une forte angoisse. Si Cathy garde le cap, sa mère réagira violemment au changement d'attitude de sa fille. Ii y a fort à parier qu'elle cherchera à faire monter le ton, par des critiques ou des accusations, ou bien en menaçant de mettre un terme à la relation.

Il faut absolument se rappeler que les contre-attaques ou les réactions « retour-arrière » se produisent à chaque fois que nous nous acheminons vers une plus grande affirmation de nous, vers une plus forte autonomie et une maturité accrue au sein d'une relation importante. Quand nous sommes à l'origine du changement, nous oublions facilement que les contre-attaques expriment l'angoisse, et non pas le manque d'amour, et qu'elles sont toujours prévisibles. Pour Cathy, le défi est de garder en tête le fait que le changement est un processus, et de conserver son calme face aux contre-attaques de sa mère, sans jamais se laisser entraîner dans ses anciens comportements. Si nécessaire, elle se prendra pour un disque rayé et répètera sans fin la même chose, à chaque mise à l'épreuve. Nous savons, maintenant, qu'accomplir un changement dans une relation bloquée constitue une rude bataille. Il nous faut de l'énergie et de la motivation, accompagnées d'un solide sens de l'humour, pour continuer à évoluer envers et contre la considérable résistance qu'on nous opposera, de l'intérieur et de l'extérieur.

S'attaquer aux problèmes graves

Comment Cathy s'est-elle sortie de cette épineuse situation ? Comment est-elle parvenue à définir son identité face à sa mère ? Dans certains domaines, tout s'est très bien passé. Par exemple, elle a su rester ferme avec Anne en ce qui concerne son souhait de ne jamais discuter de problèmes éducatifs devant Eric. A chaque fois que sa mère persista à faire des commentaires devant lui, Cathy refusa de mordre à l'hameçon. Au contraire, elle plaisanta avec sa mère et s'arrangea pour dévier ses critiques — pour revenir au sujet une fois Eric sorti de la pièce. Elle se retint de s'énerver face aux mises à l'épreuve de sa mère et à ses contre-attaques, et sut se persuader de ne jamais se laisser entraîner dans des disputes concernant Eric en sa présence, même quand on l'y poussait.

En ce qui concerne la question religieuse, ce fut une autre affaire. « A chaque fois que ma mère me parle de Jésus ou me demande de prier, quelque chose se serre en moi, et je ne me contrôle plus. » Avec le temps, néanmoins, Cathy réussit à se contrôler mieux, mais sans jamais perdre ses réactions émotionnelles. « Quand ma mère attaque le sujet de la religion, j'attrape un nœud dans l'estomac, et j'ai envie de hurler », explique-t-elle. « Le mieux que je puisse faire est de changer de sujet. »

Dans un sens, Cathy a raison. Le pire des moments pour discuter d'un problème grave, dans une relation bloquée, est le moment de colère ou de tension. Quand l'émotion est forte, les personnes ont tendance à céder à l'escalade et à cesser de penser de façon objective et claire à leur dilemme. Si Cathy se sent prête à crier, il vaut peut-être mieux, effectivement, changer de sujet, aller se promener ou s'enfermer un moment dans la salle de bains. Mais à long terme, Cathy ferait mieux d'essayer *d'approcher* le sujet, d'acquérir une perspective plus large sur l'attitude de sa mère et ses propres émotions quand on aborde ce sujet. Comment faire ?

Une perspective plus large

Dans toute famille, il y a au moins un problème crucial. Ce problème est resté irrésolu pendant les générations précédentes, et revient, encore plus brûlant, à la suivante. Dans la famille de Cathy, la religion faisait partie de ce type de problèmes, surtout entre mère et fille. Ce type de problème se reconnaît facilement : si le sujet est sans cesse abordé, s'il éveille de fortes réactions, ou s'il est carrément impossible de l'évoquer, ou si votre cœur se serre à chaque fois que le sujet est en vue, il y a fort à parier qu'il s'agit d'une question cruciale.Comment Cathy aurait-elle pu acquérir une perspective plus sereine et plus objective du problème brûlant qui occupait sa famille ? Tout d'abord, il fallait élargir le champ. Pour ce faire, je posai à Cathy un certain de nombre de questions qui l'aidèrent à réfléchir à ce qu'avait représenté la religion pour elle dans les générations précédentes. Quelle place avait-elle tenu dans la famille de sa mère au moment de son adolescence ? Sa mère avait-elle des différends avec sa propre mère ? Et si oui, étaient-ils ouvertement exprimés ? Comment étaient-ils traités ? Comment sa grand-mère aurait-elle réagi si Anne s'était proclamée athée, comme Cathy ? Comment la mère de Cathy était-elle parvenue à ses croyances religieuses et spirituelles, et comment ont-elles évolué avec le temps ? A quel âge sa mère s'était-elle tournée vers la religion, et qu'est-ce qui l'avait influencée ? Dans les générations précédentes, y avait-il des personnes qui s'étaient détournées de la religion ? Ou qui au contraire y avaient consacré une bonne partie de leur vie ? Quel était le contexte au moment où s'étaient produits des changements décisifs dans ce domaine ?

On comprend qu'il fut pénible pour Cathy d'aborder sa mère de façon calme, factuelle et chaleureuse sur ce sujet épineux. Par définition, les problèmes délicats d'une famille sont difficiles à discuter de façon objective et productive. En outre, plus nous évitons de parler, plus les problèmes deviennent complexes. Quand, finalement, Cathy put mettre le sujet sur la table d'une façon authentiquement curieuse et sans préjugé, la forte charge émotionnelle qui entourait le sujet au sein de la famille prit pour elle une nouvelle signification.

Un peu d'histoire

Les conversations de Cathy avec sa mère débouchèrent sur l'histoire d'une perte précoce et traumatisante dans la famille de cette dernière. Quand Anne avait cinq ans, son petit frère de trois ans, Geoffroy, mourut d'une intoxication alimentaire : il avait absorbé une substance toxique. En plus du deuil douloureux que cela provoqua, la grand-mère de Cathy eut à combattre une forte sensation de culpabilité et de désespoir à cause de son hypothétique responsabilité. Elle était en effet la seule à se trouver à la maison au moment de la tragédie.

Anne ne connaissait pas toute la vérité sur cette affaire, car le deuil était devenu un problème brûlant dans sa famille — un sujet tabou dont il ne fallait pas parler. D'après ce que Anne put confier à Cathy, il semblerait que les attitudes religieuses de sa mère se soient accentuées après la mort de Geoffroy, au moment où elle luttait pour dominer sa peine. Quand, par extraordinaire, le nom de Geoffroy était prononcé, ce n'était qu'en termes *positifs* et religieux : « Dieu rappelle à lui les meilleurs de ses sujets. » « C'était la volonté de Dieu. » « Geoffroy est heureux là-haut, près du bon Dieu. » « Dieu a voulu le rappeler à lui. » Les deux parents s'accrochèrent désespérément à cette perspective qui décourageait toute interrogation et empêchait toute réaction d'émerger ouvertement parmi les membres de la famille.

Depuis longtemps, Cathy savait que sa mère avait perdu un petit frère. Mais cet événement n'était pas apparu à Cathy comme *réel*, et elle n'avait jamais pensé à son impact sur la vie de sa mère. Aujourd'hui, Cathy découvrait que Anne elle-même n'avait jamais été très sûre de la nature des convictions religieuses de sa *propre* mère — en fait, après la tragédie, Anne avait « protégé » sa mère en réprimant les divergences d'opinion sur plusieurs problèmes. Anne pensait que la religion était ce qui guidait la vie de sa mère, qu'elle servait en fait à la garder en vie. Pour Anne, il était tout simplement impensable de remettre en question les affirmations de sa mère, ou même d'avoir une opinion différente. Et aujourd'hui, sa propre fille, Cathy, désavouait *toute* religion, ce qui ne faisait que réactiver les vieux sentiments enfouis qui entouraient une mort subite n'ayant jamais été réellement affrontée, un deuil jamais vraiment fini.

Ces nouvelles informations permirent à Cathy de renouer la communication entre deux générations de mères et de filles. La « solution » de Anne au difficile défi de l'identité par rapport à sa propre mère fut d'inhiber et de nier toute expression de différence, non seulement dans le domaine religieux, mais aussi sur d'autres questions importantes. La solution de Cathy était tout le contraire — mais en fait elle revenait au même. Cathy essayait de définir sa propre identité en ressemblant *aussi peu* à sa mère que possible. Si Anne disait « blanc », il fallait absolument que Cathy réponde « noir ». *Se sentir obligée d'être différente de sa mère n'exprime pas davantage une véritable identité que vouloir absolument être semblable à elle.*

Les avantages de Cathy

Comment Cathy réagit-elle à ces découvertes ? Pour commencer, elle put se sentir plus ouverte et moins réactive à chaque fois que la controverse religieuse faisait surface. En réalité, le fait de réfléchir à l'impact de la mort de Geoffroy lui permit de replacer dans une plus large perspective bien des « comportements inacceptables » de sa mère. Par exemple, Cathy, autrefois, se sentait exaspérée par l'angoisse de sa mère à propos de son frère, et à propos du bonheur d'Eric après le divorce. Elle était maintenant capable de comprendre à quel point l'angoisse de sa mère était alimentée par un processus de deuil intense et inachevé. Il devenait plus facile de comprendre à quel point la question de la survie et du bien-être des fils était cruciale pour Anne.

Au fur et à mesure que Cathy commençait à clarifier le problème délicat de la religion en le mettant sur la table et en élargissant sa perspective, elle put réfléchir à ses propres convictions dans ce domaine. La position de Cathy à cet égard (« Plutôt mourir que d'emmener Eric à l'église ! ») était de nature réactive, et ne constituait pas davantage une affirmation de son indépendance d'esprit que le recours désespéré de sa mère aux clichés religieux. Cathy, ayant acquis de l'héritage religieux de sa famille, et aussi de l'histoire de sa mère, une vision plus large, put ainsi mieux formuler ses propres opinions sur la religion sans se rebeller de façon instinctive contre les croyances des deux générations de femmes qui l'avaient précédée.

Mais, plus important que tout, les conversations de Cathy avec sa mère lui permirent d'appréhender Anne comme une personne « réelle », un « autre » réel et différent, pourvu d'une histoire personnelle. *Si nous voulons acquérir une identité claire, enracinée dans une histoire familiale factuelle, il faut que nous soyons capables de rassembler des informations sur la vie de nos parents.* Comme Cathy le comprit, ce type d'information permet de donner un nouveau sens aux comportements. Par exemple, Cathy se renseigna sur les conditions dramatiques qui avaient présidé à l'immigration de ses grands-parents polonais : deuils nombreux, séparations douloureuses... Elle put ainsi voir sous un jour nouveau leurs personnalités « extrêmes ». Ses réactions primaires et critiques d'autrefois (« Ces gens-là sont devenus des fanatiques après la mort de l'enfant. ») laissèrent la place à un véritable respect pour les deuils multiples subis par ses grands-parents, la force et le courage qu'ils avaient dû trouver pour continuer à vivre après la mort de leur fils.

Post-scriptum
Vous pensez connaître votre famille ?

Comme beaucoup d'entre nous, Cathy commença sa thérapie en étant convaincue qu'elle connaissait sa famille. En effet, on lui avait transmis bon nombre d'histoires qu'elle pouvait raconter, et elle avait un diagnostic psychiatrique tout prêt pour toutes les personnes de l'arbre généalogique. Mais les histoires reflètent bien souvent les polarités qui caractérisent les systèmes en situation de stress (« Ma mère, cette sainte », « L'oncle Claude, ce pécheur »). Fréquemment, elles n'ont que peu de rapport avec la complexité des personnes réelles et leur histoire. En période d'angoisse, nous savons où sont les bons et les mauvais, et nous savons dans quel camp nous nous trouvons.

Si nous sommes capables de construire une histoire plus factuelle de notre famille, et d'élargir le contexte sur plusieurs générations, nous construirons une perspective plus objective des membres de notre famille. Nous commencerons à voir nos parents sous la forme de *vraies personnes, placées dans leur contexte*, avec leurs forces et leurs vulnérabilités — des êtres humains, en quelque sorte. Et si nous sommes capables d'être plus objectifs dans notre propre famille, nos autres relations en seront grandement facilitées.

La meilleure méthode pour enclencher ce processus est de travailler sur notre propre génogramme, le diagramme de notre famille. A la fin de ce livre, vous apprendrez à construire un génogramme. Cela vous paraîtra enfantin, car il s'agit tout simplement d'effectuer une représentation picturale des événements familiaux : dates de naissance, de mort, de mariage, de séparation, de divorce, de maladies graves, niveau d'éducation et profession de tous les membres de la famille.

Si vous faites bien votre travail, vous verrez que votre génogramme est un tremplin qui vous permettra de réfléchir à bien des idées présentées dans ce livre — ou tout simplement de découvrir des choses intéressantes. Vous découvrirez, par exemple, qu'un côté de votre famille vous est parfaitement connu, et l'autre presque totalement. Vous serez confrontée aux faits que vous ne connaissiez pas, et qu'il n'est pas facile de découvrir (« Comment et quand la tante Janine est-elle morte ? » « Quelle est la date exacte de mon adoption ? »), et vous comprendrez mieux un certain nombre de problèmes épineux et de séparations familiales. Vous remarquerez aussi l'existence de certains schémas de gestion de l'angoisse d'un ou de l'autre côté de la famille ; par exemple, vous constaterez que du côté de votre père, on a tendance à prendre ses distances — divorces, séparations, fâcheries. Vous observerez qu'en réalité vous entretenez peu de rapports avec la plupart des membres de votre famille — et que ceux que vous entretenez sont singulièrement intenses.

C'est également le génogramme qui vous permettra de repérer les dates anniversaires les plus importantes, et de mieux voir le contexte dans lequel certaines relations se sont intensifiées ou au contraire relâchées. L'âge de ceux qui ont subi des deuils, des pertes, des divorces ou des revers de fortune dans les générations précédentes vous donneront des indices sur les époques qui ont marqué d'angoisse ceux qui sont plus âgés que vous, et celles qui menacent de constituer pour vous une étape difficile.

Vous remarquerez peut-être un certain nombre de schémas et de triangles cruciaux qui se reproduisent de génération en génération, ou bien observerez de troublantes coïncidences sur les situations familiales. Ce fut le cas d'Adrienne (chapitre 5) qui s'aperçut que dans sa famille, il y avait un problème avec les deuxièmes fils. Plus vous rassemblerez d'informations, plus vous engendrerez de questions.

Avec le temps, le génogramme nous aide à être plus attentifs à notre identité dans un contexte capital : notre famille d'origine. Il nous aide à acquérir sur les problèmes relationnels une perspective beaucoup plus large, au lieu de nous en tenir aux quelques membres de la famille qu'on idéalise ou qu'on blâme. Nous devenons capables de réfléchir de façon plus objective à notre héritage familial, et de renouveler nos liens avec d'autres membres ; ainsi, nous acquérons une vision plus claire de notre identité et de notre position au sein de la famille, comme Cathy sut le faire avec Anne. Il n'est évidemment pas question d'être exhaustif ou totalement objectif : ce serait impossible. Et pourtant, tel doit être notre idéal.

13

La concentration sur soi : les bases de l'intimité

Aujourd'hui, l'intimité a meilleure presse qu'autrefois. On nous encourage, en principe au moins, à apporter à nos relations rien moins qu'une identité forte, assurée, autonome, indépendante et authentique. Et pourtant ces délicieux adjectifs sont devenus des clichés culturels, leur signification s'est brouillée ou vulgarisée. Il n'est pas facile de traduire ce que l'on entend communément par « identité » en conseils clairs pour atteindre la véritable intimité et la solide union avec les autres. Au nom de la *protection* ou de *l'affirmation* de notre identité, nous oublions parfois de prendre position sur un problème important, ou bien nous nous séparons de quelqu'un d'important, nous agissons à ses dépens ou nous nous comportons comme si nous détenions la vérité universelle.

J'espère que ce livre vous aura aidée à comprendre ce qu'est le défi de l'intimité et ses exigences. Car il s'agit du travail de toute une vie. Le but est d'exister dans des relations où l'identité autonome de chacun peut être appréciée ou mise en valeur, et où l'on ne perd jamais de vue la compétence et la vulnérabilité, chez soi-même et chez l'autre. L'intimité exige une identité claire, une concentration sur soi sans faille, une communication ouverte, et un profond respect des différences. Elle exige la capacité à demeurer émotionnellement en contact avec ceux qui nous importent en période d'angoisse, tout en gardant sa position propre et claire, fondée sur ses valeurs, ses opinions et ses principes.

Jeter les fondations de l'intimité est tellement difficile que nos réactions « naturelles » nous entraîneront « naturellement » dans la mauvaise direction. Comme nous l'avons vu, nos réflexes en matière de gestion de l'angoisse nous mènent inévitablement à prendre part à des schémas, des polarités et des triangles qui nous bloquent et nous font souffrir. Plus l'angoisse est chronique et forte, plus le schéma s'enracine — et plus il nous faut de courage et de motivation pour accomplir le plus petit changement.

Comment tirer le meilleur parti de ce livre

Pour commencer, il faut aller doucement et bien réfléchir. Les leçons de ce livre sont beaucoup trop complexes pour qu'on puisse en faire une liste de bons conseils, même si votre lecture attentive des histoires qui le composent peut vous donner de multiples bonnes idées pour les dix années à venir. Mon premier ouvrage, *La danse de la colère*, propose des conseils clairs et précis pour changer des schémas relationnels bloqués. Si vous voulez en savoir davantage sur les triangles, la réactivité, les modes de gestion de l'angoisse et les contre-attaques, lisez-le.

Le meilleur usage que vous puissiez faire de cet ouvrage-ci est d'acquérir la volonté d'affronter la théorie plutôt que de vous en tenir aux techniques. Quand une relation se détériore, ou ne fonctionne plus du tout, nous avons envie qu'on nous donne des « techniques », c'est-à-dire que nous voulons savoir quoi faire pour que les choses soient différentes. Programme en six phases, liste de « Faites » et « Ne faites pas », nouvelles manœuvres pour faire changer l'autre... Mais les meilleurs des conseils ne feront pas long feu si vous n'affrontez pas la théorie et les principes qui les sous-tendent — dans ce cas, celle qui explique comment on gère l'angoisse et expose les modes de fonctionnement des systèmes relationnels en situation de stress.

La réalité est simple : il n'existe pas de techniques pour établir l'intimité, même si bien des ouvrages vous en font la promesse. L'intimité ne peut s'établir qu'une fois que nous nous sommes construit une identité solide fondée sur une compréhension claire du rôle que nous jouons dans les schémas relationnels qui nous empêchent d'avancer.

Les principes de ce livre vous paraîtront clairs et simples, car ils sont illustrés par des histoires vraies. Mais quand vous essaierez de les appliquer à vos propres relations, vous verrez à quelle vitesse arrivent les complexités et les ambiguïtés. Dans ce dernier chapitre, je vous aiderai à passer en revue et à consolider des concepts importants, qui vous serviront à creuser les fondations de votre réflexion sur l'intimité. Plus votre compréhension sera approfondie, plus vous serez capables de décider le moyen, le moment et l'opportunité des changements à accomplir. Commençons par les *sentiments* et la *réactivité*, et nous poursuivrons avec le principe complexe de la *concentration sur soi.*

Réfléchir à ses sentiments

Quand j'ai entrepris la rédaction de ce livre, j'ai demandé à huit personnes de définir « une relation intime ». La majorité a réagi par une variation sur un même thème : « C'est une relation où l'on peut exprimer ses véritables sentiments ». Toujours, le mot sentiment était mis en relief, son expression libre et spontanée absolument requise. J'approuvai : une véritable relation intime est une relation dans laquelle nous pouvons être ce que nous sommes, ce qui signifie nous ouvrir. A l'évidence, le partage des sentiments fait partie intégrante de l'intimité.

Et pourtant, si vous réfléchissez un peu au contenu de ce livre, vous remarquerez qu'on y parle peu de l' « expression des sentiments », et pas du tout de « faire sortir ses sentiments ». Au lieu de cela, j'ai souligné l'importance de l'observation, de la réflexion, de la planification... Apprendre à rester calme dans un contexte émotionnel agité. Cela signifie-t-il que les sentiments sont répréhensibles, ou que leur expression spontanée et complète ne fait qu'empêcher les processus d'intimité et de changement ?

Certes non. Dans une relation souple, notre ton émotionnel, lorsque nous affirmons nos opinions, a peu d'importance — c'est une question de style. Avec mon mari, mes enfants et certains de mes amis, par exemple, il m'arrive de m'engager dans des discussions passionnées sur « qui a raison », et j'adore ces conversations, quand elles n'aboutissent pas à un blocage. Néanmoins, de temps en temps, ainsi que dans d'autres relations, je m'efforcerais de garder toute ma sérénité.

Il faut absolument être *conscient* de ses sentiments. Nos sentiments ont une bonne raison d'exister. Ils méritent notre attention et notre respect. Même les sentiments de malaise que nous préférons éviter, comme la colère et la dépression, peuvent nous servir à préserver l'intégrité de notre personne. Ils sont le signe d'un problème et nous rappellent que les choses ne peuvent pas rester ce qu'elles sont : ils nous disent qu'il faut chantger. Mais, comme je l'expliquais dans *La danse de la colère*, *exprimer* ses sentiments ne *résoud* pas automatiquement le problème qui nous fait souffrir.

Lorsque nous exprimons nos sentiments, nous avons l'impression de purifier — ou d'obscurcir — l'atmosphère. Cela nous aide, ou bien cela aggrave la situation. Quand nous sommes proches de quelqu'un, il est tout à fait normal qu'on assiste de temps à autre à des échanges un peu passionnés, et il faut savoir qu'heureusement, nos relations y survivent, et peuvent même en être améliorées. Mais l'expression des sentiments, en soi et par soi, ne changera pas les danses relationnelles qui empêchent l'instauration d'une véritable intimité et nous mettent dans des situations difficiles. Dans une relation bloquée, l'expression des sentiments ne fera que figer davantage les vieux schémas, empêchant tout changement.

Dans certaines circonstances, une violente expression des sentiments peut constituer un véritable tournant, même dans une relation bloquée, car elle indiquera, à nous-mêmes et à l'autre, que nous sommes vraiment « sérieux ». Cela fait partie d'un processus qui nous pousse à clarifier les limites de ce que nous accepterons ou non. Mais très souvent, le contraire se vérifie : la réactivité sert à libérer la vapeur, et après, les choses reprennent leur ancien cours. Quand elle devient chronique, la réactivité empêche la concentration sur soi, qui est la seule base solide sur laquelle on puisse bâtir une relation.

Les émotions ne sont ni mauvaises ni répréhensibles, et il est totalement faux que les femmes soient trop « sensibles », comme on le dit souvent. La capacité à identifier et à exprimer ses sentiments est une force, pas une faiblesse. Mais quand nous sommes cernés par les sentiments, quand nous nous y noyons, cela nous aide pas. Cela nous permet de réfléchir à ce que nous ressentons. Par « réfléchir », je n'entends pas « intellectualiser » ou prendre de la distance par rapport aux problèmes émotionnels, ce que les hommes font très bien. J'entends tout simplement que nous sommes capables de réfléchir à nos sentiments et de prendre des décisions conscientes sur leur expression (comment, quand, et auprès de qui nous voulons nous exprimer).

Même si nous luttons pour l'objectivité, il n'est pas facile de faire la distinction entre la véritable émotion et la réactivité engendrée par l'angoisse. Quand Adrienne (chapitre 5) pleura avec son père au sujet de sa mort prochaine, il s'agissait d'une authentique émotion. Mais quand elle refusait de parler de son cancer — et, au lieu de cela, se disputait avec son mari et s'éloignait de lui —, il s'agissait de réactivité. Quand Linda disait à Claire qu'elle était terrifiée à l'idée de la perdre, puis lui confiait qu'elle craignait que leur relation ne finisse par ressembler à celle que sa mère avait avec sa propre sœur, elle avait retrouvé le contact avec ses véritables sentiments. Mais quand, furieuse, elle sermonnait sa sœur et sa mère en leur dictant leurs comportements, c'était de la réactivité. La réactivité est une réaction engendrée par l'angoisse, qui bloque la véritable expression des pensées et des sentiments, qui empêche toute intimité et s'oppose à la résolution des problèmes difficiles.

Comme l'angoisse est une composante ordinaire de la vie, il est évident que la réactivité fait partie intégrante de notre existence émotionnelle. Comme nous l'avons, toute la question est : la réactivité, et après ? Pour avancer vers une union plus gratifiante et un échange émotionnel authentique, il nous faut parfois apaiser la situation pour faire diminuer l'angoisse. Quand une relation importante est bloquée, ce n'est qu'en bougeant de façon très modérée que nous pourrons accomplir le véritable changement ; nous adopterons de nouvelles positions, avec humour, en plaisantant, en exposant nos décisions en un ou deux paragraphes, et non pas en dix pages. Franchir de nouvelles étapes, lentement, calmement, nous permettra de contrôler notre propre angoisse et notre culpabilité face au changement. Ainsi, nous pourrons garder le cap et conserver notre concentration sur nous-mêmes quand les violentes contre-attaques se présenteront.

Comprendre la concentration sur soi

Quand un couple entre en thérapie à cause de problèmes relationnels, invariablement, on se rend compte que chacun se concentre sur l'autre ; ils considèrent que le problème, c'est l'autre, et s'imaginent que la solution est tout simplement que l'autre change. Ici, j'utilise le terme de « couple » au sens large : une relation entre deux personnes.

Que se passe-t-il si un couple persiste dans une telle situation ? *Elle* persiste à penser que le seul moyen d'améliorer la relation est qu'il prenne davantage de responsabilités. *Il* affirme qu'elle doit cesser de le critiquer et se montrer plus sensible à ses besoins. Résultat : rien ne change. Je n'ai encore jamais vu s'améliorer une relation où aucun des protagonistes n'accepte de cesser de se concentrer sur l'autre et de réinvestir toute son énergie dans sa propre vie.

Tous les actes de courage que j'ai décrits dans ce livre ont exigé un pas vers une plus grande identité, une plus forte concentration sur soi. Que l'autre soit l'amant, l'époux, l'enfant, le frère, le parent, l'ami ou le patron, la concentration sur soi nous force à abandonner tous nos efforts inutiles pour changer ou améliorer l'autre (ce qui est impossible) et à travailler sur notre identité. Ce n'est qu'une fois ce travail entrepris que l'on peut sortir des schémas bloqués et créer une nouvelle danse.

Néanmoins, nous devons comprendre que la concentration sur soi n'équivaut pas à l'auto-accusation. Cela ne signifie aucunement que nous devons nous considérer comme étant à l'origine de nos problèmes, ou que nous percevons nos combats comme des objets isolés du contexte familial et culturel. Cela ne signifie pas non plus que nous devons nous taire face à la discrimination ou l'injustice.

Pour être clair, parlons un peu des changements engendrés par la deuxième vague du féminisme. Aucun de ces changements ne se serait produit si nous avions nié ou refusé de voir notre colère contre les hommes, ou si nous nous étions contentées de nous dire : « Qu'est-ce qui ne va pas chez moi ? » Mais en même temps, les féministes n'auraient rien pu changer si nous étions restées à l'étape réactive, si nous avions concentré nos énergies primaires sur nos efforts pour transformer les hommes ou les rendre plus gentils et plus justes. Les femmes ont changé le monde parce qu'elles ont compris que si elles ne clafiriaient pas leurs propres besoins, si elles ne définissaient pas les termes de leur vie, si elles n'agissaient pas pour elles-mêmes, *personne le ferait à leur place.* Voilà pourquoi les féministes ont voulu réinscrire la femme dans l'histoire et la langue, mettre sur pieds d'innombrables services pour les femmes, publier des journaux, fonder des maisons d'édition. Seuls nos propres changements, seules les actions que nous avons entreprises pour nous-mêmes ont fait en sorte que les hommes ont dû changer.

Se concentrer sur soi ne signifie pas avoir une perspective plus étroite. Bien au contraire, il s'agit d'acquérir de nos problèmes relationnels une vision qui se situe dans un contexte familial et culturel aussi large que possible. Cette perspective élargie nous aide à réfléchir de façon plus sereine et plus objective à notre situation et aux moyens dont nous disposons pour modifier le rôle que nous y jouons, car c'est la seule chose que nous puissions changer.

Concentration sur soi et humilité

La concentration sur soi exige bien davantage que la reconnaissance du fait que nous pouvons pas changer l'autre, et que de toute façon telle n'est pas notre mission. Elle exige également une transformation de notre conscience, une vision globale différente et plus réfléchie. Voilà le défi : il s'agit de convenir que nous en savons bien peu sur le comportement humain, et qu'il nous est impossible de devenir « spécialistes » de l'autre. Comme je l'ai souligné au début de ce livre, nous ne pouvons pas savoir quand ni comment l'autre sera prêt à travailler sur tel ou tel problème, ni comment il/elle supportera les conséquences du changement. C'est déjà bien difficile à déterminer pour nous-mêmes. Et pourtant, au nom de l'amour et des bonnes intentions, nous adoptons volontiers une attitude qui dit : « Je sais ce qui est bon pour toi. » Cette attitude bloque l'intimité et empêche les autres d'assumer la responsabilité de la résolution de leurs propres problèmes et de la gestion de leur propre malaise.

La concentration sur soi : avoir une identité

En même temps, cesser de se concentrer sur l'autre ne signifie pas le silence, l'éloignement ou la séparation, ni même une politique de tolérance à tout crin. Il s'agit de cesser de nous prendre pour un « spécialiste » de l'autre, et de devenir le « spécialiste » de notre propre personne. Plus nous saurons nous concentrer sur nous, plus nous deviendrons capables de réagir de façon constructive, de faire partager notre vision des choses, d'affirmer clairement nos valeurs et nos opinions, puis de les défendre fermement. Comme le montrent bien les histoires d'Adrienne et de Linda, cela fait partie de notre tâche quand nous nous efforçons de définir notre identité. Il ne s'agit pas de chercher les réponses aux problèmes des autres. L'histoire suivante met en scène une femme qui s'efforce d'acquérir une meilleure concentration sur elle-même.

Le mari de Réjane, Richard, a sombré dans une grave dépression après avoir perdu, la même année, son emploi et son père. Il passe de plus en plus de temps au lit, s'isole des autres et fait peu d'efforts pour trouver un nouvel emploi. Pendant plusieurs mois, Réjane, une surfonctionnante type, a organisé sa vie autour de ce problème. Elle en a fait deux fois plus chez elle, pour l'entretien de la maison et les soins aux enfants, parce que Richard disait qu'il n'était pas capable de s'en occuper. Elle surlignait les annonces d'offres d'emploi dans les journaux et donnait des idées à Richard pour trouver un nouveau travail. Elle refusa des invitations qu'il ne souhaitait pas honorer. Plus le temps passait, plus elle s'adaptait au problème de son mari et s'efforçait de le résoudre. Et pourtant, la dépression de Richard persistait et s'aggravait.

Au bout de quelques mois, Réjane était épuisée, désespérée. Elle dit à Richard qu'elle ne s'occupait plus d'elle-même et qu'il fallait que cela change. Elle s'inscrivit à un cours de gymnastique, commença à sortir avec ses amis, accepta les invitations, même si Richard préférait rester à la maison. Elle cessa également de le couvrir et de fonctionner à sa place. Par exemple, quand le téléphone sonnait et qu'il disait : « Dis à Robert que je suis sorti. Je suis trop mal pour lui parler », elle lui tendait le téléphone, lui disant d'un ton chaleureux : « Tu n'as qu'à lui dire toi-même. » Quand Richard insista pour qu'elle ne dise à personne qu'il était déprimé, elle explicita la seule position qui lui paraissait tenable. « Je n'en parlerai ni à ta mère ni à Robert, car c'est ton problème. Mais j'en ai *déjà* parlé à mes parents et à Evelyne, parce que si je veux conserver mes bonnes relations avec eux, je ne peux pas le leur cacher. » De plus en plus, Réjane lutta pour établir ses propres positions, claires et nettes, et cessa d'organiser toute sa vie autour des symptômes de Richard et de ses exigences.

Quand elle constata que Richard ne sortait toujours pas de son hibernation, Réjane, un samedi, entra dans la chambre et lui dit : « Richard, si cela continue une semaine de plus, c'est *moi* qui vais déprimer, à tel point que je vais me mettre au lit avec toi. Et là, la famille sera dans de beaux draps ! Alors, qu'est-ce qu'on fait ? »

Et ce n'étaient pas que des mots. Réjane était sérieuse. Elle n'avait aucune réponse à lui proposer, quelques suggestions peut-être s'il daignait s'y intéresser. Mais elle savait avec certitude que ce statu quo ne pouvait plus durer — c'était intolérable pour tout le monde, elle, lui, et toute la famille. A ce stade, elle refusa de garder le secret auprès de qui que ce soit.

Réjane parvint donc à définir une ligne de conduite ferme : il fallait que Richard réagisse, parce qu'elle ne pouvait plus supporter la situation. Richard fut hospitalisé quelques jours, puis entreprit une thérapie. Réjane fut capable de lui laisser suffisamment d'espace pour lutter avec sa dépression, car elle compatissait avec sa peine *sans pour autant se concentrer sur le problème.* Sa principale énergie, elle la réinvestit dans ses propres problèmes, qu'elle confia à Richard. Au début, il ne voulait rien entendre, mais elle persista (« Richard, tu me dis que tes problèmes sont tellement graves que les miens, à côté, ne comptent pas. Et pourtant, au travail, j'ai un vrai problème avec Jean-Claude — cela me préoccupe beaucoup et j'ai besoin de t'en parler — peut-être pas tout de suite, mais bientôt. »)

Ce glissement de la concentration sur l'autre à la concentration sur soi est particulièrement difficile à réussir pour les sur-fonctionnants qui sont persuadés que sans leur aide, l'autre va mourir. Ils ont du mal à se rendre compte que l'autre mourra peut-être malgré leur aide.

Un tel glissement est-il susceptible d'établir de l'intimité au sein d'une relation perturbée ? Pas à court terme. En effet, quand nous établissons de nouvelles limites et de nouvelles frontières, il arrive que l'autre réagisse de façon négative. Quelles que soient les circonstances — vous informez votre mari que vous avez décidé de ne plus lui préparer son déjeuner, ou vous dites à votre fille boulimique que si elle vomit tous les matins, il faut qu'elle nettoye après, même si elle est retard à l'école — tout mouvement dans ce sens est généralement suivi par de l'angoisse (la nôtre et celle de l'autre) et des contre-attaques (« Comment peux-tu être aussi égoïste ? »). Mais si nous tenons le cap, sans nous éloigner ni incriminer l'autre, nous avons une chance que l'intimité s'installe, un peu plus tard. Au moins, nous aurons mis toutes les chances de notre côté. *Mais ne comptez pas sur le soutien de l'autre lorsque vous entreprenez un tel changement.* L'autre ne vous en aimera pas davantage, tout au moins à court terme.

La concentration sur soi et l'autonomie émotionnelle

Plus nous nous concentrons sur nous-mêmes, plus nous définissons une position responsable dans la relation, une position fondée sur nos propres valeurs, nos propres opinions et nos principes, au lieu de réagir à la façon dont l'autre décide de mener la relation. Comme nous l'avons vu, cette concentration sur soi exige qu'on ait apaisé sa réactivité et acquis une bonne dose d'autonomie émotionnelle.

Janine a épousé un protestant, et a été obligée de se convertir, reniant ainsi la religion familiale. Sa mère et son frère aîné ont réagi en refusant d'assister au mariage et en l'excluant du cercle familial. Ils n'ont pas répondu à ses tentatives d'explications, ni à ses plaidoyers et à ses exigences de souplesse et de tolérance. Ils ont résolu de l'isoler, et leur décision était si déterminée qu'à la naissance d'une petite-fille, ils ne se manifestèrent même pas.

Janine finit par accepter leur décision, bien contre son gré. Elle commença néanmoins à rassembler des informations sur son histoire familiale, et se rendit compte que depuis plusieurs générations déjà, des différends avaient provoqué plusieurs séparations du même type. Dans sa famille, il y avait deux factions en guerre ; certains parents ne s'étaient pas adressé la parole depuis des années. A Janine de décider si elle souhaitait perpétuer la tradition et la transmettre aux générations suivantes.

Elle décida le contraire. Bien que sa mère et son frère l'aient déclarée « morte », elle commença à leur envoyer de petites cartes — cartes postales de vacances, cartes d'anniversaire, etc. Ce faisant, elle n'essayait ni de les faire changer d'avis, ni de solliciter une réconciliation. Elle fit comprendre à sa mère et à son frère qu'elle comprenait la peine qu'ils avaient ressentie lors de sa conversion, et qu'elle acceptait leur refus de toute communication avec elle. Mais elle leur expliqua également que pour elle, il était impossible de faire comme si elle n'avait plus ni mère ni frère. C'était vraiment trop douloureux de nier l'existence de deux personnes aussi importantes.

Quand Janine eut pris sa décision, elle commença par écrire à sa mère et à son frère un court billet où elle disait qu'elle s'était rendu compte que, dans la famille, beaucoup de personnes s'étaient fâchées. Elle affirmait qu'elle respectait certains choix qui étaient parfois nécessaires, mais que dans son cas personnel, cela la désespérait de ne plus pouvoir parler avec un membre de sa famille. Elle affirma ainsi ses intentions de garder le contact, tout en restant discrète et concise ; de la sorte, elle montrait qu'elle respectait le choix de sa mère et de son frère. Elle s'abstint également de les critiquer ou de parler d'eux aux autres membres de la famille, évitant ainsi les triangles.

Au bout de quatre ans, la mère téléphona à Janine. Dans la semaine, elle avait reçu de sa fille une carte de vœux pour son cinquantième anniversaire. Elle expliqua à Janine que le dimanche précédent, alors qu'elle était à l'église, elle avait soudain pris conscience que Dieu ne voulait pas qu'elle rejette sa fille. « Ce n'est pas la volonté de Dieu que je repousse une fille qui a toujours été quelqu'un de bien », dit-elle, très émue. Puis son ton se raffermit et elle ajouta, l'air de rien : « La vie est trop courte. Je veux voir ma petite-fille. » A l'époque, le frère de Janine persista à l'ignorer.

Une telle réconciliation aurait-elle pu avoir lieu si Janine avait réagi au rejet par la colère et l'éloignement ? Nul ne peut le savoir. Ce qui compte, c'est la décision que prit *Janine* d'adopter une position de rapprochement responsable, *quelle que puisse en être le résultat.* Janine définit une position qui lui permit de se poser en être solide et responsable au sein de sa propre famille. Elle apprit une nouvelle danse au cercle familial, changeant ainsi un schéma qui durait depuis plusieurs générations. Cet exemple, comme bien d'autres, montre bien l'autonomie nécessaire si l'on veut se concentrer sur soi. Cette autonomie-là nous permettra de nous rapprocher des autres et d'établir une solide relation.

Réfléchir à notre famille d'origine

Une des meilleures assurances que nous puissions avoir d'apporter à nos autres relations une identité solide est notre lente progression vers un rapprochement avec notre famille d'origine. Quand nous entretenons peu de relations avec notre famille éloignée, quand nous nous trouvons dans une situation de séparation avec un ou plusieurs membres de notre famille nucléaire, nos autres relations ressembleront vraisemblablement à une cocotte-minute, surtout au moment où nous fondons notre propre famille. Notre degré d'éloignement et de séparation par rapport à notre famille d'origine est directement lié à la quantité d'intensité et de réactivité que nous mettons dans nos autres relations.

Bien sûr, l'objectif n'est pas simplement de se rapprocher *à tout prix.* Il s'agit d'évoluer vers une communication qui préservera notre propre dignité et celle de l'autre, permettant ainsi l'établissement d'une véritable intimité. Tous les exemples de ce livre illustrent un mouvement dans cette direction.

Avant que vous ne vous attaquiez à votre projet de changement, je vous propose de *commencer* par établir votre propre génogramme et l'étudier. Cette tâche exigera peut-être de vous de nouveaux types de comportements, car vous ne pourrez pas obtenir les informations nécessaires sans renouer le contact avec certaines personnes de la famille que vous avez peut-être perdues de vue. Comme je l'ai dit dans la conclusion du chapitre précédent, ce travail va vous aider à garder votre concentration sur vous-même, et à acquérir une perspective plus large de ce qu'est votre famille. Les problèmes que nous posent l'intimité, le plus souvent, ne sont pas provoqués par les « sales coups » que nous ont faits certains membres de la famille. Ils font partie d'un tableau d'événements, de schémas et de triangles beaucoup plus large et qui recouvre plusieurs générations.

Votre génogramme vous aidera également à évaluer le degré de l'angoisse chronique dans votre famille. Quelle est l'intensité des triangles ? Conflit et éloignement sont-ils des tendances persistantes ? Y a-t-il eu des séparations ? Les polarités sur-fonctionnement/sous-fonctionnement sont-elles extrêmes ?

Les problèmes familiaux importants ont-ils été traités ou discutés ? Les lignes de communication sont-elles ouvertes ? Votre famille tolère-t-elle les différences ? Comment aborde-t-elle les questions importantes (sexe, religion, divorce, maladie, responsabilité envers les parents âgés, alcoolisme) ? Des positions extrêmes qui se retrouvent sur plusieurs générations reflètent une angoisse chronique extrêmement forte et indiquent que le processus de changement exigera de vous que vous soyez extrêmement lente et circonspecte.

Une question de timing

Avancez lentement : ce conseil-là est valable pour tout le monde. Si j'ai l'air d'insister, c'est que les exemples que j'ai donnés dans ce livre ne manqueront pas de provoquer chez vous des ambitions démesurées ! J'ai en effet décrit en quelques pages certains changements qui ont parfois pris des années, demandé l'aide d'une thérapie. Alors, vous avez l'impression que le changement est facile, même si je prétends le contraire. Souvenez-vous que les changements courageux sont obligatoirement constitués de petits mouvements souples, mais aussi de frustrations et de fourvoiements. Tout cela dépend de l'importance du problème, du degré de chronicité de l'angoisse, et de l'ancienneté des schémas. Vouloir trop en faire nous donnera une bonne excuse pour, finalement, ne rien faire du tout. Voici deux petits exemples de mouvements infimes, mais qui ont exigé beaucoup de courage.

Michèle a fait plusieurs années de thérapie avant de pouvoir demander à son père les noms et les dates de naissance de ses grands-parents. Son père avait été adopté à l'âge de quatre ans, après avoir perdu sa mère suite à une épidémie de grippe. Dans cette famille, les questions en suspens ou non formulées étaient légion. Qu'était-il arrivé au grand-père de Michèle après la mort de la grand-mère ? Pourquoi ne s'était-il pas occupé du père de Michèle ? — lui, ou quelqu'un d'autre dans la famille. Que savait le père de ses parents d'origine et de leur famille ? Le père de Michèle ne parlait jamais de son passé et s'était totalement investi dans la famille de sa femme. Il avait également une forte tendance à la dépression — tendance d'ailleurs inconsciemment partagée par Michèle — et la règle familiale était de ne jamais parler à Papa de son passé, et d'ailleurs de ne lui parler de rien qui puisse lui causer des émotions. Sur le génogramme de Michèle, tout le côté paternel biologique était entièrement vierge.

Michèle elle-même était déprimée : c'est ce qui l'avait amenée en thérapie. Elle n'avait aucune relation intime avec qui que ce soit, et un sens de l'identité très faible. Son père était très émotif, complètement pris par ses enfants, ce qui reflétait bien à quel point il était isolé de sa propre famille. A ce stade, Michèle put accomplir un acte de courage : demander à son père les noms et les dates de naissance de ses parents d'origine ! Acte apparemment infime, mais extrêmement courageux : ce fut tout ce qu'elle put faire pendant longtemps. Mais pour elle, c'était une progression importante vers l'autonomie et la communication. Elle le fit le cœur battant à tout rompre, mais elle le fit.

Un an plus tard (réagissant ainsi, peut-être, aux changements accomplis par Michèle), son père fit preuve de courage à son tour et fit un pas vers une meilleure connaissance de ses racines. Depuis longtemps, il avait étouffé toute curiosité, par loyauté envers ses parents adoptifs, et également parce qu'il avait une peur panique de ce qu'il allait découvrir. Cette inhibition jouait un rôle capital dans son état dépressif et influençait toutes ses relations. Aujourd'hui, il n'a encore fait qu'un tout petit pas, mais ce tout petit pas est susceptible de provoquer un grand changement dans sa vie.

Quand les vieux schémas sont bien enracinés et que la réactivité est à son comble, il est parfois indispensable de faire appel à un spécialiste. Une de mes amies, Eléonore, se trouvait dans un triangle extrêmement rigide : ses parents étaient divorcés légalement, mais pas émotionnellement. Entre eux, l'intensité était si forte que rien, hormis sa propre mort, n'aurait pu les réunir dans la même pièce. Dans le triangle, elle se situait dans le camp de son père, aux dépens de toute relation avec sa mère, qui avait eu de multiples liaisons pendant son mariage. Ce triangle crucial, l'incapacité d'Eléonore à entretenir une relation de personne à personne avec chacun de ses parents, *une relation débarrassée de l'intensité qui régnait entre eux*, affectait toutes les autres relations d'Eléonore. Sa position au sein du triangle faisait en sorte que ses parents avaient *fort peu de chances* de résoudre les problèmes conjugaux en suspens et de se séparer pour de bon. Les triangles, une fois bien en place, fonctionnent aux dépens de leurs trois sommets.

Les thérapeutes spécialistes de la théorie systémique familiale ne poussent pas leurs patients à foncer sur le changement. Une fois par mois, Eléonore allait voir son thérapeute, s'efforçant ainsi d'acquérir des processus émotionnels familiaux une vision plus objective. Il lui fallut beaucoup de temps avant d'être capable de cesser d'accuser sa mère et de replacer son triangle dans un contexte de multiples triangles entrelacés, et d'événements familiaux déterminants qui avaient eu lieu dans les générations précédentes. Ce ne fut qu'une fois capable de saisir une perspective plus large, plus sereine et plus objective qu'elle se sentit prête à effectuer les lents mouvements qui lui permettraient de modifier le rôle qu'elle jouait dans le triangle.

Son premier acte de courage consista, auprès de son père, à se permettre une discrète allusion au fait qu'elle avait aussi une mère. « J'ai tondu la pelouse chez Maman ce matin, j'ai pris un coup de soleil », dit Eléonore. Et elle continua à parler du beau temps. Pas très spectaculaire, direz-vous : c'est que vous ne connaissez pas le contexte.

Post-scriptum
Un projet de vie

Dans les danses où nous nous trouvons bloquées, nous ne pouvons changer et contrôler que nos propres comportements. Et encore cette faculté n'est-elle pas égale pour tout le monde. Les enfants qui dépendent de leurs parents ont moins de pouvoir que les adultes. La femme qui dépend entièrement de son mari a moins de pouvoir que son époux.

Si nous sommes réellement persuadées que nous ne pouvons pas vivre sans l'aide de notre mari, l'héritage de notre mère, notre emploi actuel, ou la chambre de bonne de nos parents, notre ligne de conduite sera sans doute : « la relation à tout prix. » Peut-être n'en serons-nous pas conscientes, mais dans de telles circonstances, il nous sera impossible d'opérer le moindre acte de changement. Chloé, par exemple, n'aurait peut-être pas été capable d'avouer son homosexualité à ses parents s'ils avaient payé le loyer de son appartement.

Repensez à Chantal, notre épistolière du chapitre 2 qui, de son propre aveu, avait annulé son abonnement pour sauver son couple. Elle aura beau se bagarrer en vain, se plaindre, protester, demander qu'on prenne son parti, en réalité, elle ne fera que préserver le statu quo. Ce ne sera *qu'une fois* qu'elle sera capable d'assurer sa sécurité et sa survie dans des conditions acceptables qu'elle pourra aller voir son mari et lui dire, fermement et dignement : « Je refuse d'annuler mon abonnement. »

Paradoxalement, ce n'est que quand nous pouvons nous passer d'une relation que nous pouvons y vivre à l'aise. Pour les femmes, c'est un véritable dilemme. En effet, peu de femmes ont été encouragées à consacrer toute leur énergie à formuler un projet de vie qui n'exclue ni n'exige le mariage. Toutes les générations qui nous ont précédées nous ont appris à ne pas penser ainsi. D'innombrables obstacles intérieurs, d'innombrables réalités extérieures continuent à bloquer notre progression quand il s'agit de prévoir notre avenir économique, de formuler des objectifs professionnels et des plans de carrière. Et pourtant une telle planification — qui exige des changements personnels et sociaux — non seulement est indispensable à l'épanouissement du soi, mais nous propulse sur un terrain ferme quand il s'agit de nos relations avec nos proches.

Il ne s'agit pas de sous-estimer la valeur du travail de la femme qui reste à la maison. Ce sont les médias qui ont poussé les « ménagères » et les « carriéristes » à s'affronter. Le problème n'est pas de décider ce qui est le plus honorable : s'occuper de sa famille ou diriger une entreprise. Personne n'a la réponse à cette question. Le véritable problème est que le rôle de la ménagère place de nombreuses femmes dans une situation de vulnérabilité économique excessive, surtout étant donné la fréquence des divorces et la rareté des programmes de formation et de réinsertion professionnelle pour les femmes, le salaire de misère des assistantes maternelles, et les pensions alimentaires insuffisantes. Le degré de pauvreté des mères isolées est un signe inquiétant des conséquences de cette situation.

Peut-être faites-vous déjà partie des statistiques. Peut-être avez-vous tellement peur d'en faire partie que vous ne vous sentez pas prête à risquer un acte de changement vis-à-vis de quelqu'un dont vous dépendez.

Avoir un projet de vie, ce n'est pas seulement travailler pour assurer, bon an, mal an, votre sécurité économique. C'est aussi clarifier vos valeurs, vos opinions et vos principes, puis les appliquer à toutes vos actions quotidiennes. C'est aussi réfléchir aux savoir-faire et aux compétences que vous souhaitez acquérir ou développer dans l'avenir. Un projet de vie n'est pas une chose immuable, gravée dans la pierre : il doit s'ouvrir à toutes les adaptations qu'implique le temps qui passe.

Enfin, avoir un projet de vie, ce n'est *pas* adopter les valeurs masculines et suivre aveuglément un plan de carrière. Certaines d'entre vous ont peut-être choisi de se libérer d'une partie de leurs responsabilités professionnelles pour mieux se consacrer à leur vie privée, ou à une autre activité. Toute la valeur du projet de vie réside dans sa capacité à nous aider à vivre aussi bien que possible. Notre capacité à construire un tel projet, notre façon de vivre nos relations avec notre famille d'origine : tels sont les legs les plus précieux que nous laisserons à la génération à venir.

Quand nous renonçons à concentrer toute notre énergie à construire notre propre projet de vie, toutes nos relations les plus importantes en pâtissent — tout comme elles pâtissent de nos séparations avec notre famille. Sans projet de vie, nos relations les plus importantes ont un fardeau trop lourd à porter : en effet, nous comptons sur les autres pour donner à notre vie sa signification et sa plénitude, alors que c'est à nous de le faire. Nous voulons un partenaire qui nous prodiguera notre propre estime de soi, alors que l'estime de soi ne peut pas venir de l'autre. Nous nous mettons dans une situation où nous accordons trop d'attention aux sautes d'humeur de l'autre, et pas assez à notre propre personne.

Les relations intimes ne sauraient se substituer à un projet de vie. Mais il est exact que pour avoir un sens et une chance de survivre, un projet de vie doit inclure des relations intimes.

Quelle importance ont les relations intimes ? Pour ma part, il m'arrive d'être tellement angoissée ou enthousiasmée par mes projets personnels que mes relations les plus proches me semblent presque superflues ; dans ces moments-là, mon seul objectif est qu'on me laisse faire ce que j'ai à faire. En revanche, il m'arrive aussi — en période de crise familiale, par exemple — de penser que rien n'est plus important que l'amour de ma famille et de mes amis ; cet amour me devient alors si nécessaire que rien d'autre n'a d'importance.

Il est clair que tout au long de notre vie, nos besoins changent. En une journée même, ils peuvent varier. Rien de plus normal que de vouloir tour à tour l'éloignement et le rapprochement ; il n'y a pas de recette miracle, d'équilibre universel. Mais il est certain que si nous n'avons aucune véritable relation, en période de crise, les choses seront dures à supporter. Et les périodes de crise sont inévitables.

Depuis que le monde est monde, les femmes se sont chargées des rapprochements et ont joué le rôle de celles qui maintiennent le lien entre les générations passées et futures. Malheureusement, elles l'ont trop souvent fait aux dépens de leur identité, en sacrifiant les objectifs personnels et professionnels qui sont indispensables aussi bien à notre estime de soi qu'à notre sécurité économique. On ne s'étonnera pas que les hommes aient un problème complémentaire : leur objectif principal est de grimper et de se mesurer à leurs semblables, et cela se fait aux dépens des aspects relationnels et des liens avec les générations passées et futures. La réussite, et peut-être même la survie, de nos relations intimes passe par notre capacité à équilibrer ces deux tendances. En réalité, l'enjeu est plus grand encore : il s'agit de la survie de l'univers.

Epilogue

Les femmes n'ont pas été habituées à formuler un projet de vie ; elles n'ont pas l'habitude non plus de jouer un rôle important dans le changement. Souvent, elles se sentent impuissantes quand il s'agit de changer, que ce soit dans leur vie privée ou dans leur vie sociale. Comme les héroïnes des contes de fées, nous avons l'impression que nous n'avons pas d'autre choix que de nous remettre, pieds et poings liés, dans la gueule du loup, ou de nous endormir dans un cercueil de verre en attendant que le Prince charmant vienne nous sauver. On nous a appris que notre sexe est passif et dépendant — que c'est l'homme qui prend les responsabilités et assume le changement.

De tels sentiments sont faciles à comprendre, car il est incontestable que les femmes ont été dépossédées de tout pouvoir. Ce sont les hommes qui ont dessiné la carte du ciel, qui ont créé le langage et la culture tels que nous les connaissons, qui ont écrit l'histoire à leur façon, construit et détruit le monde qui nous entoure, et qui continuent à diriger toutes les institutions qui génèrent du pouvoir, de la politique ou de l'argent. Les hommes définissent la réalité même que nous avons toutes acceptée un jour — avant le mouvement féministe. Et même si l'histoire compte quelques femmes qui ont exercé un certain pouvoir en tant que mères, nous n'avons pas créé nos conditions de « maternage », nous n'avons pas construit les théories et les mythes dominants qui entourent le « maternage ». Même aujourd'hui, en matière de pédagogie, les maîtres à penser de la culture populaire restent des hommes : le docteur Spock et le docteur Brazelton. Et ce n'est certainement pas parce que les femmes sont incompétentes en matière de bébés !

Ces conditions d'inégalité expliquent bien pourquoi les femmes se sentent impuissantes quand il s'agit de changement. Et pourtant, rien n'est plus loin de la vérité. Depuis vingt ans, les femmes et les minorités ont défriché les terres fertiles de l'histoire. Si l'on étudiait aujourd'hui l'histoire des femmes, on serait étonné et passionné par la vie de nos grands-mères — leurs incroyables tours de force, qui ont été ignorés par tous les grands textes de notre culture. Notre génogramme familial, sur trois ou quatre générations, nous aidera sans aucun doute à découvrir dans notre arbre généalogique des femmes qui ont, courageusement, fait avancer les choses. Lorsque nous aurons constaté cela, nous aurons gagné un peu de courage.

Ce livre parle principalement du changement individuel et de l'intimité : un sujet bien personnel. Pourtant, j'espère sincèrement que les femmes progresseront vers davantage de courage et de changement dans le domaine social. En effet, c'est le contexte le plus large de notre vie — ce que nous appelons le social, le politique, le culturel — qui façonne nos relations les plus personnelles et notre définition de la famille.

Même si parfois le lien est difficile à établir, le changement personnel est indissociable du changement social et politique. Les relations personnelles ne peuvent pas s'épanouir dans un environnement d'injustice et d'inégalité. A l'évidence, toutes nos relations personnelles nous apparaîtront sous un jour nouveau lorsque les femmes seront représentées, de façon équitable, aux côtés des hommes, dans tous les domaines de la vie publique. Pour l'heure, contentons-nous d'imaginer ce que seront ces relations, et mettons-nous au travail.

Appendice
Dessinez votre génogramme

Un génogramme est une représentation graphique des événements familiaux depuis au moins trois générations. C'est un tremplin qui vous aidera à réfléchir à votre famille, et un modèle utile qui servira de base à votre arbre généalogique.

En psychothérapie, le génogramme est fréquemment utilisé. Certains thérapeutes s'en servent uniquement pour garder en mémoire les noms et les dates des différents membres d'une famille. D'autres l'utilisent comme une féconde source d'hypothèses pour expliquer des schémas émotionnels complexes. Le génogramme montre en effet les forces et les faiblesses de l'individu, ou bien met en évidence une relation familiale perturbée. Il permet d'acquérir une perspective beaucoup plus large et de découvrir de nouvelles significations aux problèmes et aux comportements.

Bien que des thérapeutes de diverses obédiences recourent au génogramme (ainsi que des médecins de famille, des historiens, des biographes...), on l'associe généralement à la théorie familiale systémique de Bowen. On trouvera à la fin de cet appendice d'autres sources d'information sur ce sujet.

Les symboles du génogramme

Les symboles que je présente ci-après ne sont pas universels : certains thérapeutes utilisent un autre code.

Femmes

Nom, âge, date de naissance (n), niveau d'éducation, profession, problèmes de santé significatifs, date de diagnostic (dc)

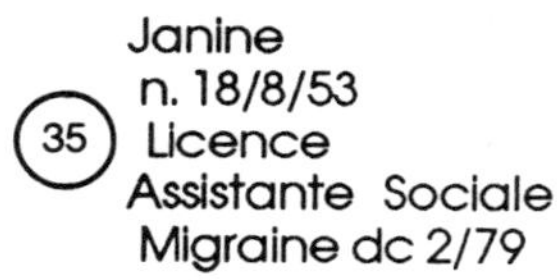

Hommes

Nom, âge, date de naissance, niveau d'éducation, profession, problèmes de santé significatifs, date de diagnostic.

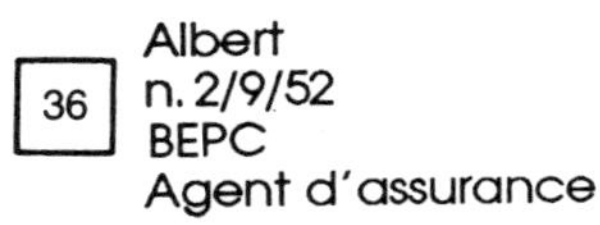

Personne-repère

Vous êtes la personne-repère de votre génogramme. Tracez en gras le contour de votre symbole.

Mort

Age, date de la mort (m) et cause

Mariage

Date du mariage (ma)
(Mari à gauche ; femme à droite)

Séparation et divorce

Séparation (s.) : un trait oblique avec date
Divorce (di.) : un double trait oblique avec date

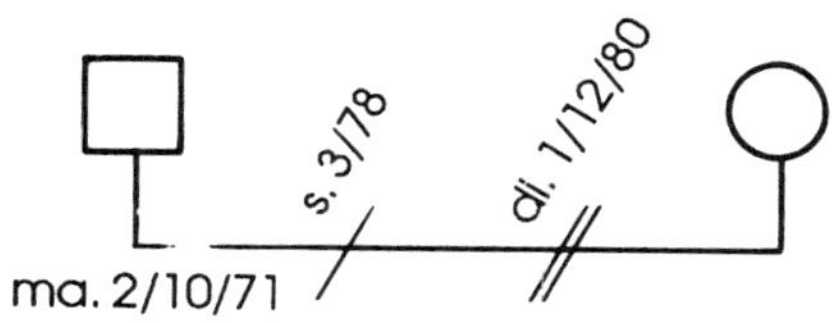

Vie commune ou liaison durable

Mariages multiples

(Marie a divorcé deux fois avant d'épouser Jacques. Jacques était veuf).

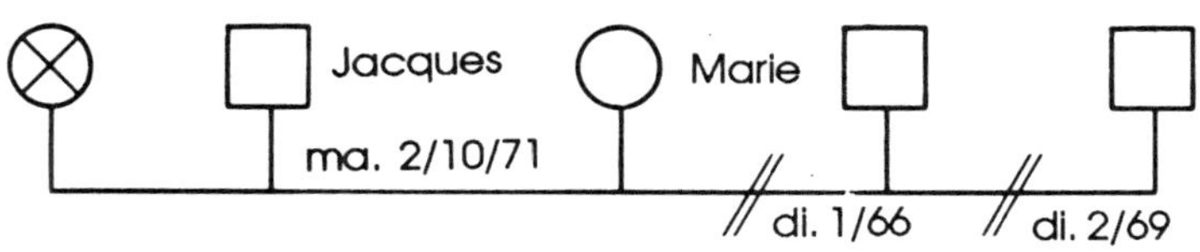

Enfants

Liste par ordre de naissance en commençant par l'aîné, à gauche

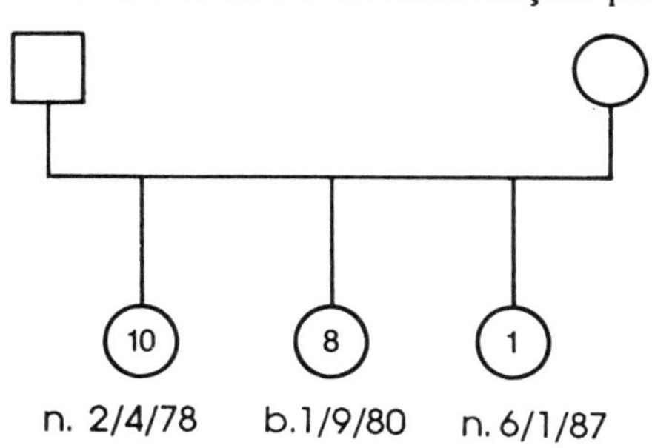

Jumeaux

Vrais (V) ou faux (F)

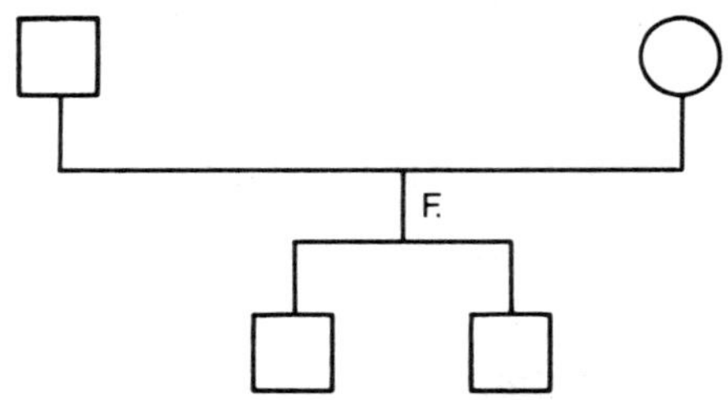

Adoption

Date de naissance, date d'adoption (a.), toute information disponible sur les parents biologiques. (Tracez deux génogrammes si un seul ne suffit pas.)

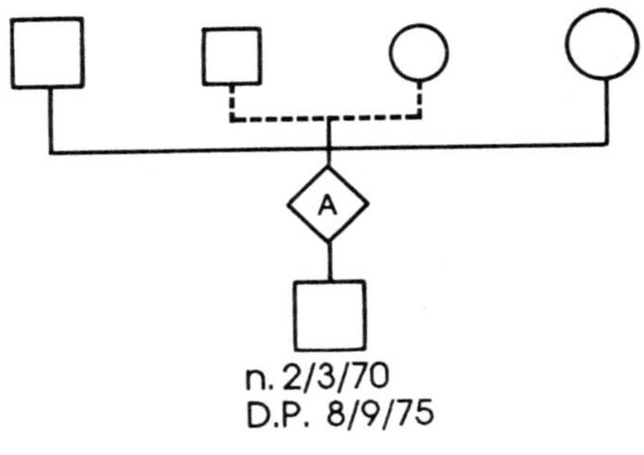

Placement en famille d'accueil

Tracez une ligne en pointillés à partir des parents biologiques. Donnez la date du placement (D.P.)

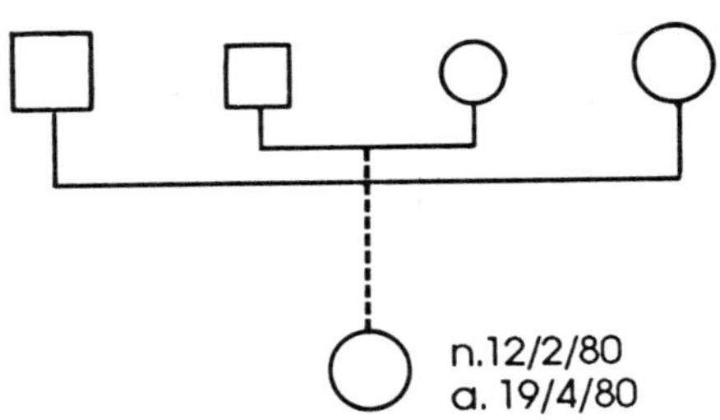

Grossesse

Fausse-couche

Avortement

Enfant mort-né

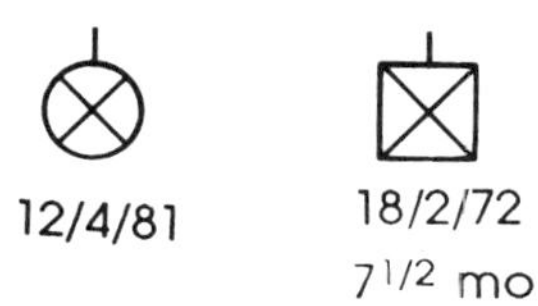

Le génogramme de la famille Strauss*

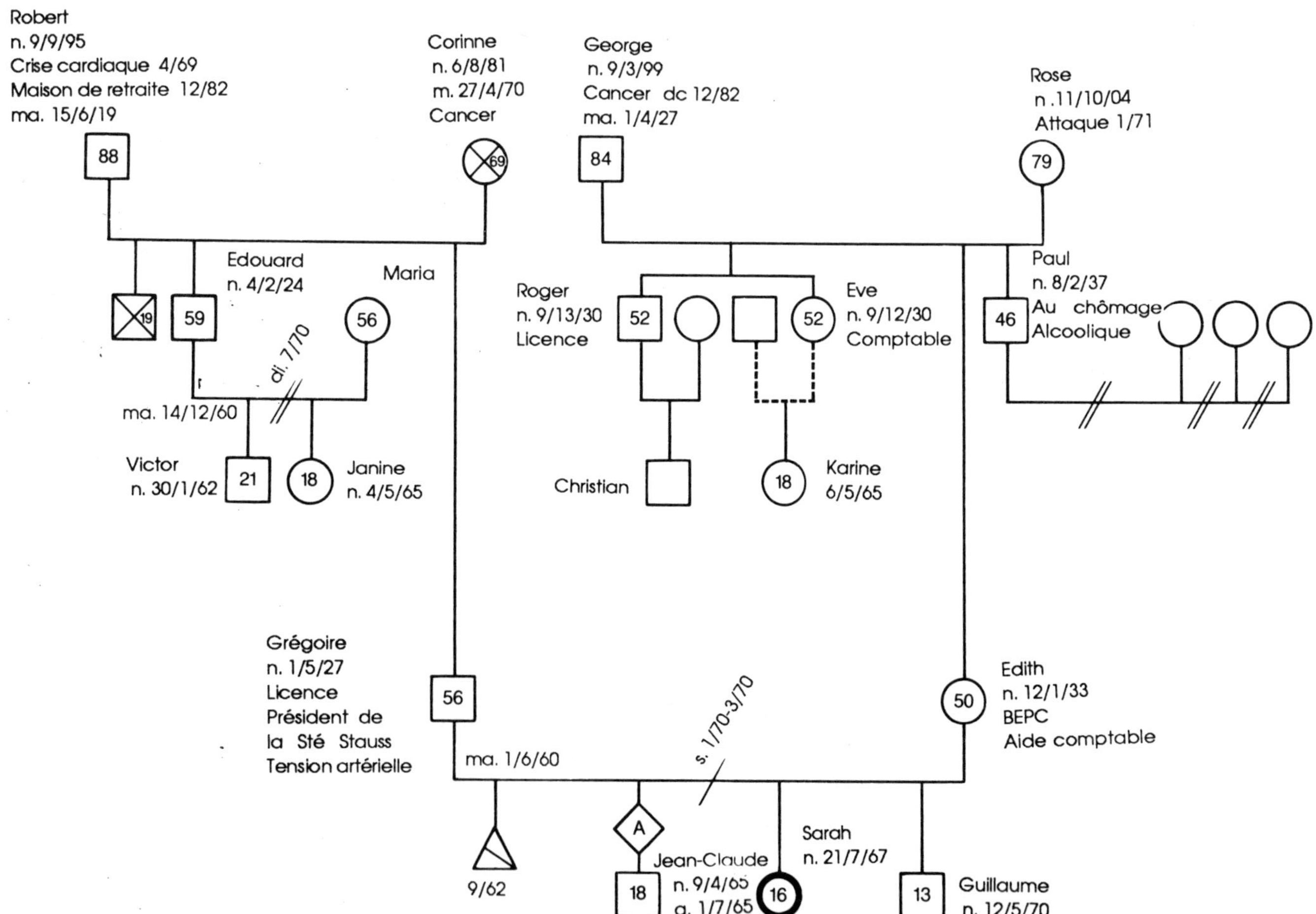

* Ce génogramme s'inspire d'une cassette vidéo : *Constructing the Multigenerational Family Genogram : Exploring a Problem in Context,* Menninger Video Productions, Topeka, Kansas. **Le génogramme de la famille Strauss**

Sarah est la personne-repère. C'est le deuxième enfant, la première fille de sa famille. Elle a un frère aîné, Jean-Claude, qui a été adopté après une fausse-couche de la mère. Elle a aussi un frère cadet, Guillaume.

Le père de Sarah, Grégoire, est le cadet de trois fils. Son frère aîné, Raoul, le premier-né, est mort à 19 ans dans un accident de voiture.

La mère de Sarah, Edith, est une enfant du milieu. Ses deux aînés, Roger et Eve, sont jumeaux. Eve a eu une fille, Karine, d'un homme qu'elle n'a pas voulu épouser. Le frère cadet de Eve, Paul, a divorcé trois fois et n'a pas d'enfants. Il est alcoolique.

Le génogramme nous permet d'observer que le père de Sarah, Grégoire, traverse une période anniversaire importante. Son fils cadet, Guillaume, vient d'avoir treize ans, l'âge de Grégoire quand Raoul est mort. Jean-Claude (qui occupe dans la famille la même position que Raoul) aura bientôt dix-neuf ans, l'âge de la mort de Raoul. En outre, les trois grands-parents de Sarah encore vivants ont de gros problèmes de santé. Ces informations, à elles seules, indiquent que la période est extrêmement difficile pour cette famille.

Le génogramme nous suggère également que le frère de Sarah, Guillaume, est né dans un contexte émotionnel très chargé. Juste avant sa naissance, ses parents se sont séparés, puis réconciliés, et sa grand-mère paternelle est morte d'un cancer. Pendant la première année de sa vie, son oncle Edouard a divorcé et sa grand-mère maternelle a eu une attaque. Cette multiplicité d'événements groupés autour de l'entrée de Guillaume dans la famille ont peut-être favorisé une certaine intensité émotionnelle dans sa relation avec l'un — ou les deux — de ses parents. Guillaume est le cadet, et occupe la même position que son oncle Paul, celui qui sous-fonctionne. Cela va-t-il influencer la relation entre Guillaume et sa mère ?

Ce génogramme n'est qu'un exemple, c'est pourquoi nous ne l'avons pas terminé. Souvenez-vous que toutes les informations nécessaires doivent être découvertes (âge, date de naissance et d'adoption, niveau d'éducation, profession, problèmes de santé significatifs, date de diagnostic, date et cause de la mort de chacun des membres de votre génogramme, en remontant aussi loin que possible).

Peut-être souhaiterez-vous ajouter à votre génogramme personnel d'autres informations importantes (immigration, retraite, problèmes de drogue ou d'alcool) ou adopter une autre notation. Pour que votre génogramme ne soit pas trop chargé, utilisez une très grande feuille de papier et notez ailleurs les autres détails (changements d'emploi, déménagements, situation ethnique ou religieuse, internements psychiatriques, etc.)

Les génogrammes : quelques données bibliographiques

Genograms in Family Assessment, par Monica McGoldrick et Randy Gerson (New York, Norton, 1985). Cet ouvrage bien documenté fournit une description détaillée de la méthode de construction d'un génogramme, ainsi qu'une bonne introduction aux interprétations et aux applications. Les auteurs présentent les génogrammes de personnalités comme Sigmund Freud, Margaret Mead, Virginia Woolf ou Jane Fonda.

Constructing the Multigenerational Family Genogram : Exploring a Problem in Context. Cassette vidéo en location ou en vente (Menninger Video Productions, Box 829, Topeka, Kansas 66601). Cette cassette montre la construction et l'utilisation d'un génogramme. Une brochure explique les informations capitales qu'on peut tirer de l'examen d'un génogramme.

Dans la collection

PROFESSION FEMME

Irvina Siegel Lew
LE MANUEL DE SURVIE
DE LA MÈRE QUI TRAVAILLE

Colette Dowling
LE COMPLEXE DE LA SUPERWOMAN

Nina Tucker
L'HOMME IDÉAL,
Comment le trouver et le garder

Harriet Goldhor Lerner
LA DANSE DE LA COLÈRE

Agnès Beaudemont-Dubus
LA CUISINE DE LA FEMME PRESSÉE

Jeannette Scollard
AU RISQUE DE GAGNER

Harriet Goldhor Lerner
LA VALSE DES ÉMOTIONS

Cet ouvrage,
transcodé par Edécom,
a été achevé d'imprimer
par Tardy-Quercy à Cahors
pour F1RST
en octobre 1990.

n° d'édition : 140
N° d'impression : 0567F
dépôt légal : novembre 1990.

Imprimé en France.